JN240728

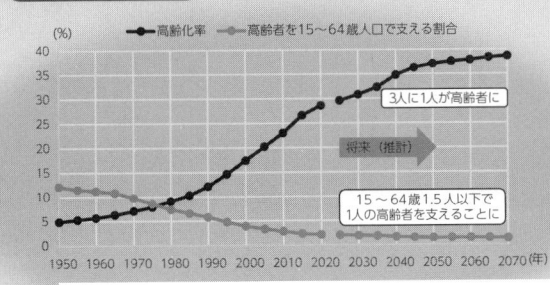

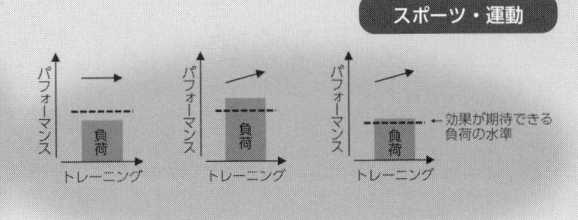

体力・健康づくり
と
スポーツ・運動の科学

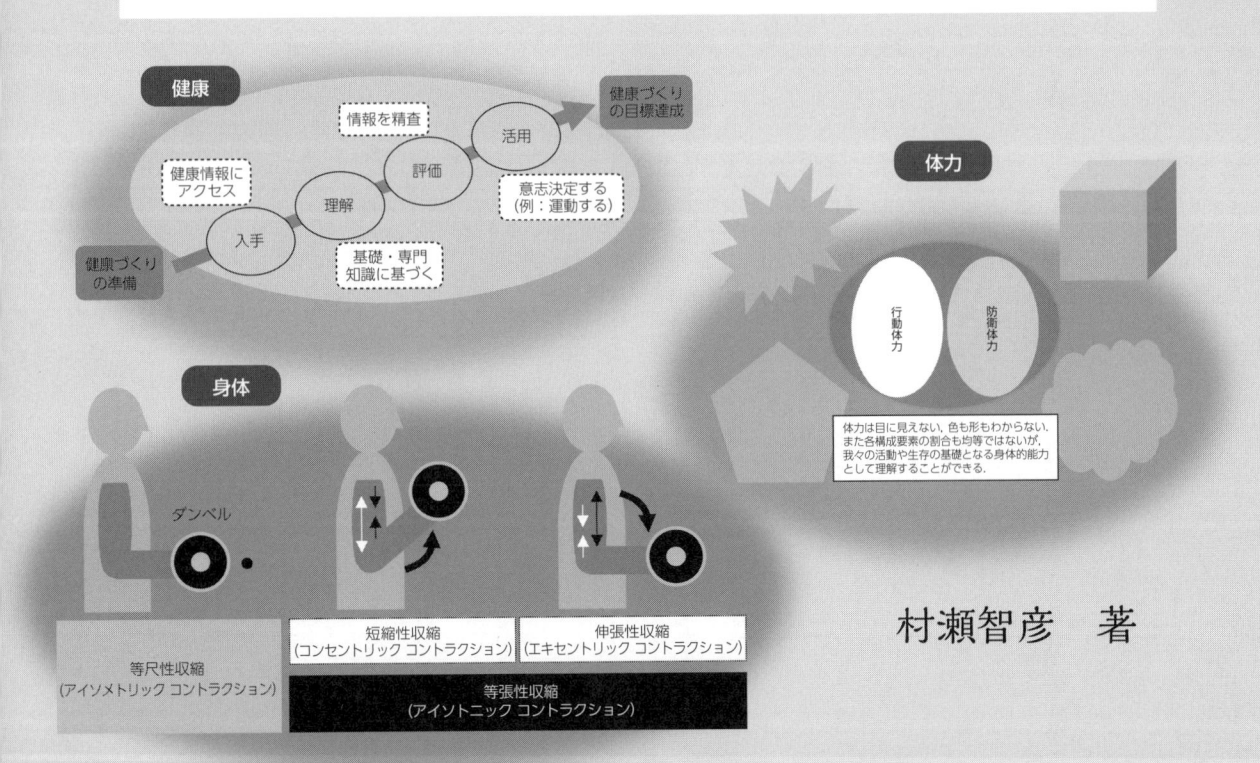

村瀬智彦　著

学術図書出版社

まえがき

「人生 100 年」という言葉を耳にするようになってきた．平均寿命や健康寿命が世界でトップクラスにある日本においては現実味のある言葉になりつつある．

平均寿命の延伸に伴い，少子高齢化社会や医療費負担の軽減のための社会保障制度の維持など解決すべき多くの社会問題が指摘されている．一方では，高齢者になっても，それまでの経験や知識を活かして社会における役割を長く果たすことができる，取り組みたい余暇活動を長く継続することができる，あるいは家族や友人と楽しい時間を長く過ごすことができるなど，様々な有意義な過ごし方が可能になってきている．このような健康寿命の延伸のためには，各個人だけではなくグループや地域における体力づくりや健康づくりの正しい実践が必要である．

「体力」「健康」「スポーツ」「運動」という言葉は，日常会話の中でも多々利用され話題になる．しかしながら，あまりにも身近であるためか，しっかりと学ぶ機会が得られていないのではないであろうか．体力づくりや健康づくりのためのスポーツ・運動実践の方法は無限である．その実践方法は，実践者の性，年齢，体力水準，健康状態，運動経験，運動の好み，また運動環境や生活様式などにより様々で，個別性を十分考慮した上でスポーツ・運動実践の方法や計画を決めていかなければ効果は期待できない．つまり，学ぶ機会を設けて理解しておかなければならないことが多々ある．生涯にわたる継続した適切な体力・健康づくりを実践するためには，それぞれの条件に関する基礎理論について理解し運動実践がなされなければならない．

これらの実践のために，本書の構成は，基礎理論について検証を続ける「スポーツ・健康分野」の研究領域について紹介することから始まり，運動する人の「身体」における生理的変化などについての理解を促す．また，目に見えない能力である「体力」について，どのように捉えて，どのように測定し評価するのか，続いて「健康」についての共通認識や健康状態の維持に必要な健康づくりの方法は何なのかについて考える機会を設けた．基礎理論が理解できたら「スポーツ・運動」の実践に関する基本的な内容を理解し，最終目標とする体力・健康づくりを実践できる知識と技能を身に付けることができるようになることが期待される．さらに，関連する情報は常に更新されている．そのため，更新される新しい情報を「調べる」ことを読者が習慣化し，各個人が生涯にわたりスポーツ・運動の実践を通して，年齢相応の体力水準と良好な健康状態を維持することができるようになることを意図して本書は構成された．

本書は，特に著者の約 30 年間の共通教養教育における講義担当経験を活かして，スポーツ・健康分野の初学者（例えば，現在または将来においてスポーツ・健康分野とは無関係な分野において役割を果たすことが期待される読者）に，運動実践による体力づくりや健康づくりの理論と実践に興味関心を持ってもらえるような基礎理論を中心に構成した．そのため，それ以前の教育の中で学修済みの内容の再掲載は最小限にとどめ，一方で関連する専門的な内容に関しては自学自習を促す目的で QR コードなどを付記して関連資料を調べることができるよう工夫した．また，

理解を助ける目的で著者自らが多くの概念図などのイラストを作成した．本書をきっかけに，基礎理論の理解により体力づくりや健康づくりに対する興味関心の程度が高まれば，引き続き自ら調べて理解を深めることを継続し，正しい知識と正しい運動実践能力に基づく生涯にわたる体力・健康づくりが実現できるようになることが期待される．

　最後に，スポーツ・健康分野の初学者が興味関心を持つ構成にすることや理解しやすい平易な文章にするため，この分野では専門家ではない妻操さんには全ての文章や内容・構成の点検をお願いした．また，学術図書出版社の杉浦幹男氏には本書の出版をご快諾いただき，編集作業の過程でご助言や多大なご尽力をいただいた．ここに両者に感謝の意を表します．

2024 年 11 月

著者　村瀬智彦

目　　次

I　スポーツ・健康分野

I-1　スポーツ・健康分野の学問領域の必要性

　スポーツや運動という言葉からイメージされるのは，身体を動かすことではないであろうか．一方，健康は生活習慣病を予防し日常生活を送るための身体の良好な状態である．両者の関係について，スポーツや運動により身体を動かすことが体力水準の維持向上や健康状態を良好に保つことに貢献することは広く認識されている．しかし，正しい運動実践とは何かといったことを視点に，研究者が検証を重ね科学的根拠に基づき研究成果を公表しているスポーツ・健康分野における様々な学問領域の存在は十分に理解されているとは言えない．

　本書のはじめに，スポーツ・健康分野における様々な学問領域を紹介し，我々の日常生活や体力・健康づくりとの関連から，その学問領域の必要性について考える．

1.1　スポーツ・健康分野における様々な学問領域

　体力づくりや健康づくり（以下，体力・健康づくり）を正しく実践していくためには，関連する内容の基礎理論の理解が必要である．その基礎理論は適切な手続きにより検証され科学的な根拠に基づく内容であるべきである．正しい情報を収集できるようになることが期待されるが，情報が氾濫している現在，正しい情報を見極めることは簡単ではない〔➡コラム〕．

　正しい情報を見極める際，大学などの研究機関に所属する研究者などが公表した研究成果で学術学会などの審査を経た資料に基づくかどうかが1つの判断基準になる．他の学問領域と同様にスポーツ・健康分野においても様々な学問領域が存在し，それぞれの専門性を有する学術学会組織が設立されている．体力・健康づくりに関係するキーワードには，「体力」「健康」，「スポーツ」「運動」，また学校教育における「体育」「保健」などがある．

　「体育」「スポーツ」「健康」を学会名称に含む学術団体に，一般社団法人日本体育・スポーツ・健康学会（https://taiiku-gakkai.or.jp/）がある．この学術団体は「体育・スポーツ・健康に関する学理及びその応用についての研究発表及び専門領域間の連携協力による研究成果の統合化を行うことにより，体育学／スポーツ・健康科学の進歩普及を図るとともに，体育・スポーツ・健康に関わる諸活動を通じた個人の幸福と公平かつ公正な共生社会の実現に寄与することを目的とする（日本体育・スポーツ・健康学会の定款より）」組織である．会員数約 6,000 名の体育科学，スポーツ科学，健康科学に関係する国内最大規模の学術団体である．

　日本体育・スポーツ・健康学会の専門領域と関連学会一覧（表I-1-1）から，構成する学問領域（専門領域や関連学会）が多様で多岐にわたることが理解できる．各専門領域や学会組織に所属する

研究者により研究成果が日々公表され蓄積されている．体力・健康づくりの実践には，特に，運動生理学，バイオメカニクス，発育発達，測定評価，体育方法，保健，介護予防・健康づくりなどの学問領域において明らかにされた基礎理論の理解が必要である．

表Ⅰ-1-1　日本体育・スポーツ・健康学会の専門領域と関連学会一覧

体育哲学（http://pdpe.jp/）
体育史（体育史学会）（https://taiikushi.org/）
体育社会学（https://jssspe.org/）
体育心理学（https://www.psychology-jspehss.jp/psychology_of_physical_education.html）
運動生理学（日本運動生理学会）（https://jsesp.jp/）
バイオメカニクス（日本バイオメカニクス学会）（https://biomechanics.smoosy.atlas.jp/ja）
体育経営管理（日本体育・スポーツ経営学会）（https://jsmpes.jp/）
発育発達（日本発育発達学会）（https://www.hatsuhatsu.com/）
測定評価（日本体育測定評価学会）（https://jstmhpe.org/）
体育方法＊（日本コーチング学会）（https://jcoachings.jp/）
保健
体育科教育学（日本体育科教育学会）（http://jsppe.gr.jp/）
スポーツ人類学（http://www.supojin.jp）
アダプテッド・スポーツ科学（https://sites.google.com/adaptedsport.org/adaptedsport/）
介護予防・健康づくり
体育・スポーツ政策（https://sites.google.com/view/jspehss-ppes）

＊2025年4月からコーチング学に名称変更　　　　　　　　　　　（日本体育・スポーツ・健康学会HPより）

　以下に，体力・健康づくりの実践に関係する主な学問領域の概要を示す．

① 運動生理学（日本運動生理学会）

　運動・スポーツの生理学に関する学問領域である．例えば，運動中の呼吸・循環機能の応答変化やトレーニングによる身体の機能的な適応変化などについて研究成果が蓄積されている．運動する対象は一般人から競技者，また幼児から高齢者・障害者などと幅広い．研究成果は競技力の向上のみならず，運動による病気の予防や改善にも役立てられている．

② バイオメカニクス（日本バイオメカニクス学会）

　人間の身体運動に関する学問領域である．例えば「走る」「跳ぶ」「投げる」などの基本動作を客観的な計測データに基づき記述することや熟練者と未熟練者の動作の違いなどに関する研究成果が蓄積されている．特に，動作の修正によるオリンピックなどの競技スポーツ大会における記録更新（パフォーマンス向上）にも大きく貢献している学問領域である．

③ 発育発達（日本発育発達学会）

　人の発育・発達，健康，運動に関する学問領域である．例えば，身長・体重や体格・身体組成，また体力水準や健康状態の加齢に伴う変化やその特性に関する研究成果が蓄積されている．発育

発達期にある子どもの身体に及ぼす運動の影響や年齢に応じた運動の内容の適時性に関する研究成果は，幼児・児童・生徒の好ましい発育発達や障害予防に役立てられている.

④ 測定評価（日本体育測定評価学会）

　人の形態や機能の測定と評価に関する学問領域である. 例えば，広く国内で普及している文部科学省の「新体力テスト」の考案における測定方法の妥当性・信頼性の検討や測定後の評価方法の手順の確立には，この学問領域の研究成果が役立てられている. 幼児，児童・生徒，中高年者・高齢者，また競技スポーツ選手など，測定対象別に様々な検討がなされている.

⑤ 体育方法*（日本コーチング学会）　＊2025年4月からコーチング学に名称変更

　体育・スポーツの指導実践に関する学問領域である. 例えば，様々なスポーツにおける子どもから競技選手に至る対象別の適切なコーチング方法の提案などに関する科学的検証を経た研究成果が蓄積されている. 指導法に関する理論は指導者養成に役立てられている.

　スポーツ・健康分野における様々な学問領域では，独立して研究が進められているのではなく，学際的に相互に関わりながら研究成果が蓄積されている. このような研究成果が我々の正しい体力・健康づくりの実践の基盤となる基礎理論になっている. 正しい情報を見極めることができるように，関係する学問領域についても理解を深める必要がある〔➡調べる①〕.

【調べる①】スポーツ・健康分野における様々な学問領域について

> 日本体育・スポーツ・健康学会　　　　　　　検索

1.2　スポーツ・健康分野の学問領域の必要性

　スポーツ・健康分野における各学問領域において明らかにされた研究成果は，我々のどのような場面で役に立っているのであろうか. 普段気にすることは少ないかもしれないが，今までの生活や今後の生活における身近な体力・健康づくりの場面で役立てられている. 以下に，スポーツ・健康分野の学問領域の必要性が確認できる事例をいくつか紹介する.

① 少子高齢化社会における健康状態と体力水準の維持のために

　人生100年という言葉が聞かれるようになってきた. 日本人の平均寿命は世界でトップクラスであり実現可能性は高い. 元気な高齢者が増えることは好ましいことである.

　一方で少子化が進んでいる. 今後，少子高齢化（図I-1-1）が推計通りに進むと，若い人たちは多くの高齢者を支えていかなければならない（いずれ15〜64歳の現役世代1.5人以下で1人の高齢者を支えなければならない）. また，労働力人口が減少するため，65歳以上の高齢者が若い人たちを助けるために働き続けなければならない状況が生じる.

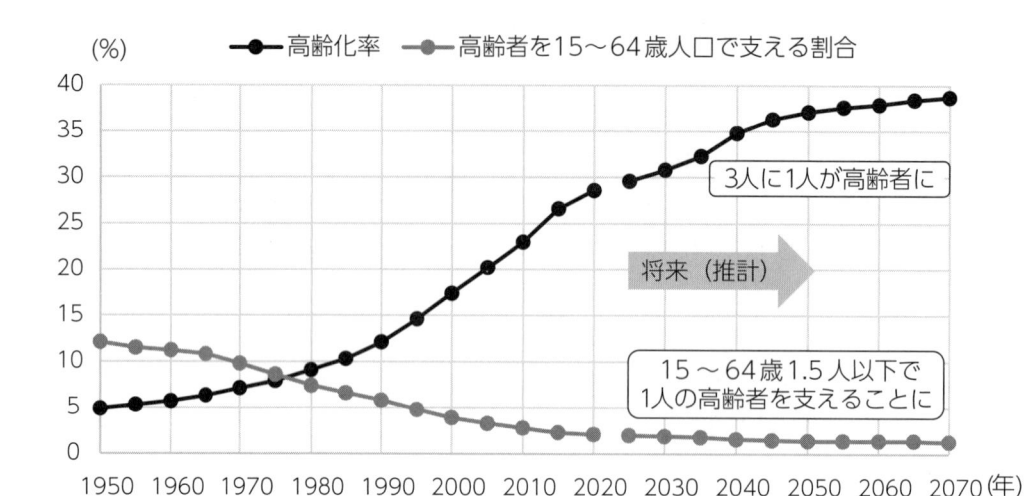

図Ⅰ-1-1　高齢化の推移と将来推計〔「高齢社会白書（令和5年版）」掲載図から著者作図〕

　このような状況においては，若い時から運動実践の継続の必要性を認識し，さらに正しい運動の実践方法についても理解する必要がある．例えば，ロコモティブシンドロームの予防のため，トレーニングの基本原則に注意し，正しいレジスタンストレーニングの実践方法を理解することは体力・健康づくりを継続するための課題となる．基礎理論を学び，良好な健康状態と年齢相当の体力水準を維持した高齢者が増えれば，つまり，介護を必要とせず自立して日常生活を営むことができる高齢者が増えれば，高齢者が若い人たちの支えを必ずしも必要としない状況がもたらされる．さらに元気な高齢者は働き続けることも可能である．

　スポーツ・健康分野の学問領域において明らかにされた研究成果は，良好な健康状態や年齢相当あるいは余裕をもって生活できる体力水準の維持のために必要である．

② 医療費負担の軽減と持続可能な社会保障制度の維持のために

　前述の通り日本人の平均寿命は世界トップクラスであり，さらなる目標は健康寿命の延伸である．健康寿命は，健康上の問題で日常生活が制限されることなく生活できる期間のことである．そのため，今後平均寿命と健康寿命の差を小さくする努力が必要である．生涯医療費（男女計）の資料（図Ⅰ-1-2）から，70歳以降の年齢段階において生涯医療費の半分程度の負担が必要になると推計されている．また，この財源を国全体で確保する必要がある．つまり，高齢者の医療費負担の軽減と持続可能な社会保障制度を維持するための対策が必要である．

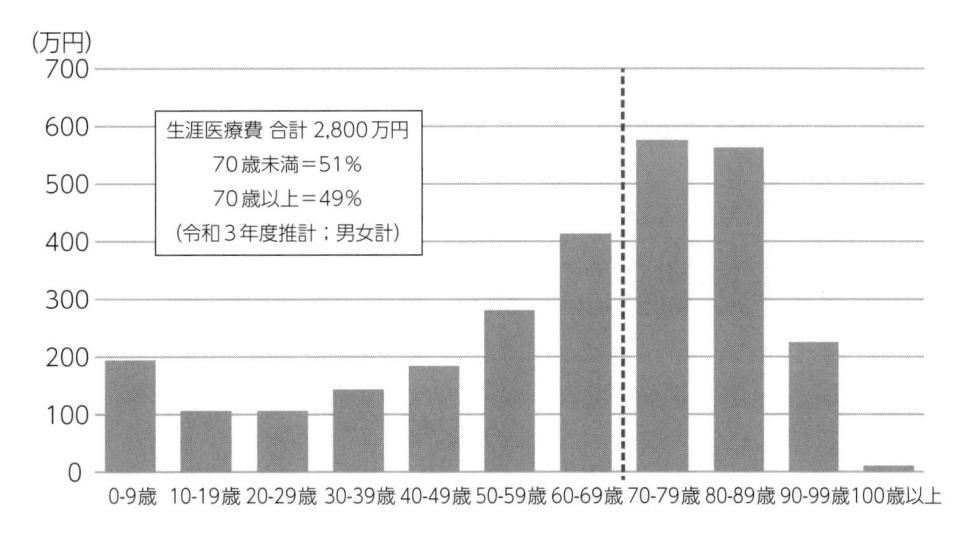

図 I-1-2 生涯医療費〔厚生労働省「生涯医療費（令和3年度推計）」から著者作図〕

　運動と病気の関係やそれぞれの疾患を予防・改善する適度な運動強度や運動量を理解すること，また運動が継続しやすい環境を確立し生活習慣病の予防のための正しい運動の方法を理解し実践できる能力を身に付けることが課題である．基礎理論を学び，運動の継続により生活習慣病罹患の割合を低くすること，つまり，健康状態を良好に保ち薬や治療を必要としない高齢者を増やすことが，健康寿命の延伸を実現し，また医療費負担の軽減につながる．

　スポーツ・健康分野や医科学の領域において明らかにされる運動実践による生活習慣病の予防に関する研究成果は，今後の医療費負担の軽減と社会保障制度の維持に貢献する．

③ 運動不足による肥満の予防や適正な身体組成の維持のために

　我々の日常生活は日々変化しており，労働時間内や通勤・通学時の身体活動量は以前より減少している．運動不足の状態が生じやすいため，自ら時間をつくり計画的な運動実践によって摂取エネルギーと消費エネルギーのバランスを保たなければならない．

　現代人においては，加齢に伴い肥満者（図 I-1-3）あるいはメタボリックシンドローム該当者は増加する傾向にある．肥満に関しては，年齢や性別を問わず広く興味関心が高いため肥満解消の方法については話題になることが多い．しかし，ブームで終わるケースや健康被害を生じるケースも少なくない．運動不足と肥満の関係，体格や身体組成の測定と評価方法，正しい食習慣などについて理解し，さらに肥満やメタボリックシンドローム予防のための有酸素運動や計画的な運動を実践できる能力を身に付けることが課題である．また，若年者の痩せは，その後の健康状態や骨粗鬆症の発症などにも影響を及ぼすため注意が必要である．体脂肪量（体脂肪率）のみに目を向けるのではなく，除脂肪体重（骨格筋量など）についても理解し，日常生活に必要な骨格筋量や骨密度を維持する努力も必要である．

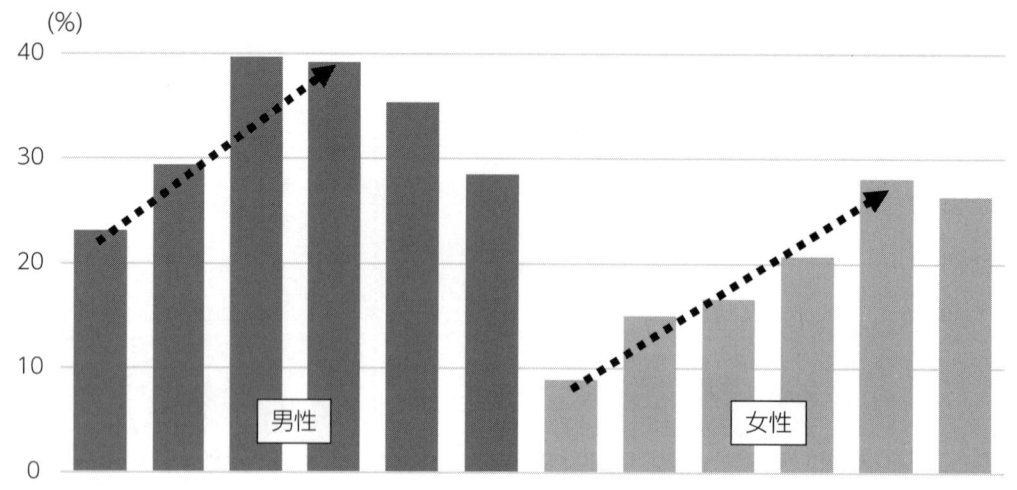

図Ⅰ-1-3　肥満者（BMI ≧ 25）の割合

〔厚生労働省「令和元年国民健康・栄養調査報告書」掲載図から著者作図〕

スポーツ・健康分野の学問領域において明らかにされる研究成果は，運動不足による肥満の予防や余裕を持った日常生活を営むために必要な身体組成の維持にも役立てられる．

1.3　スポーツ・健康分野における資料や情報の収集と研究者

体力・健康づくりに関連する資料や情報は他の学問領域と同様に常に更新されている．つまり，現在も十分に適用可能な内容も多々あるが，改善がなされ新しい内容に更新されている内容もある．特に，運動実践に便利な機器などの物質環境が日々変化する中，その変化に対応した運動の実践は，継続可能な体力・健康づくりのアメニティの確立に貢献する．

例えば，近年，運動内容や運動中の心拍数の変動などを自動的に記録する機器を利用した体力・健康づくりが注目され普及している．このような新しい実践方法に関する情報の入手は，生涯にわたる継続した体力・健康づくりには有益である．一方，情報が氾濫している現在，話題性は高いが健康被害が生じる誤った健康づくりの実践が問題になることがある．

公表される資料や情報には必ず著者などの発信者が明記されているべきである．誰が発信しているかが不明な資料や情報は参考にすべきではない．発信元は組織であったり個人であったりするが，スポーツ・健康分野における学術団体組織や研究者であれば信頼できる情報である1つの判断基準になる．信頼性の高い資料や情報を入手する場合，興味関心のある内容に関連する研究成果を公表している研究者を見つけることが問題解決につながる．

前述の日本体育・スポーツ・健康学会やその関連学会に所属する研究者，また一般社団法人日本体力医学会に所属する研究者（医師や大学教授が多い）が公表する資料や情報が参考になる．興味関心を持ったテーマで多くの学術論文を公表している研究者が見つかれば，関連するテーマの最新の情報を得ることができ体力・健康づくりの実践に活かすことができる．

体力・健康づくりは，生涯にわたり継続して実践されることが期待されるが，10年，20年と

言わず，社会人になった人が100歳まで継続するのであれば約80年間も継続することになる．今後，研究成果は継続して蓄積され従来の知見も更新されていくと予想される．体力・健康づくりに関する新しい情報が常に更新される可能性があることを理解して，スポーツ・健康分野における研究者（専門家）が公表する最新の資料や情報の入手が必要である．

なお，専門家による学術論文は英語で公表されていることが多い．現在は翻訳機能ソフトを利用すれば英文読解はそれほど難しくないかもしれないが，不十分な理解のままの運動実践は危険である．あるテーマについての優れた研究者であれば，日本語で研究成果の概要を一般者向けの特集記事などにより公表しているケースも多い．興味関心のある内容を専門とする研究者が見つかったら，研究者名から情報や資料を検索することも可能である〔➡調べる②〕.

【調べる②】スポーツ・健康分野における研究者について

村瀬智彦 researchmap  検索

<文献・資料>

1) 厚生労働省「令和元年国民健康・栄養調査報告書」，https://www.mhlw.go.jp/content/001066903.pdf，2020.
2) 厚生労働省「生涯医療費（令和3年度推計）」，https://www.mhlw.go.jp/content/shougai_r03.pdf，2022.
3) 内閣府編「高齢社会白書（令和5年版）」，2023.
4) 日本体育・スポーツ・健康学会「日本体育・スポーツ・健康学会の専門領域」https://taiiku-gakkai.or.jp/（2024年3月1日閲覧）.
5) 戸ヶ里泰典・中山和弘「健康への力の探求」放送大学教育振興会，2019.

■コラム■「か」「ち」「も」「な」「い」

情報が氾濫している現在，正しい情報を見極めることは簡単ではない．WEBサイトなどで公表されている健康情報の信頼性を確認するポイントが以下の通り示されている．

「か」書いた人は誰か？ ＝ 信頼できる専門家か？ 実在する人か？ AIか？

「ち」違う情報と比べたか？ ＝ 他の情報と違うかもしれない．違う情報は無いか？

「も」元ネタ（根拠）は何か？ ＝ 科学的根拠に基づくか？ 出典は確認できるか？

「な」何のために書かれたか？ ＝ 広告や商業目的で書かれたものではないか？

「い」いつの情報か？ ＝ 古い情報ではないか？ 現在は更新されていないか？

信頼性が確認されないと「価値もない（か・ち・も・な・い）」情報であることがある．

〔戸ヶ里・中山「健康への力の探求」放送大学教育振興会，2019より著者一部改変〕

MEMO/NOTE

II 身　体

II-1　身体の理解〔筋〕

　日常生活において立位や座位の姿勢を保持したり，字を書いたり荷物を持ち上げたり，またスポーツ場面でボールを捕ったり蹴ったりすることが可能であるが，いずれも身体における筋の収縮と弛緩により目的に応じた運動や動作が調節されている．

　体力・健康づくりのための運動実践の準備として，運動の実践者である我々人の身体について理解するため，本項では筋に関する基礎的な内容について解説する．

1.1　筋の分類

　筋は，骨格筋，心筋，平滑筋の3種類（以下参照）に分類され，総重量は体重の70%以上である．体重の40%程度を占める骨格筋は，上肢・下肢や体幹などを動かすときに利用する筋であり，自分の意志により調節できるため随意筋に分類される．心筋は，文字通り心臓を構成する筋である．骨格筋と心筋は，顕微鏡で観察すると規則正しい縞模様が確認できるため横紋筋として分類される．骨格筋と心筋で異なる点は，骨格筋は随意筋であるが，心筋は意思とは関係なく収縮あるいは弛緩するため不随意筋に分類される．平滑筋は，内臓や血管を構成する不随意筋であるが，横紋筋のような縞模様が観察されないため平滑筋と呼ばれる．

$$
\begin{array}{rcccl}
骨格筋 & = & \boxed{横紋筋} & = & 随意筋 \\
心\ \ 筋 & = & \boxed{横紋筋} & = & \boxed{不随意筋} \\
平滑筋 & & & = & \boxed{不随意筋}
\end{array}
$$

　体力・健康づくりを目的とした運動は，自分の意志にもとづく随意運動であるため，筋の分類のうち，特に骨格筋の特徴についての基礎理解が正しい運動実践に役立つ．大きさは異なるが骨格筋は600個程度あり，特に身体運動で重要なのは100個程度である．骨格筋は，腱を介して骨とつながっているが，その形状は一様ではない．また，骨格筋の内部構造は複雑で層構造になっている．その構成単位である筋線維の特性についても理解が必要である．

1.2　骨格筋の形状

　骨格筋の典型的な形状として紡錘筋がイメージされることが多いが，形状は1種類ではない．筋の中央の膨らんだ部分が筋腹，骨につながる部分の一方を筋頭，他方を筋尾として区別する．筋頭の数により，二頭筋，三頭筋などに区別される（図II-1-1）．例えば，上腕二頭筋と上腕三

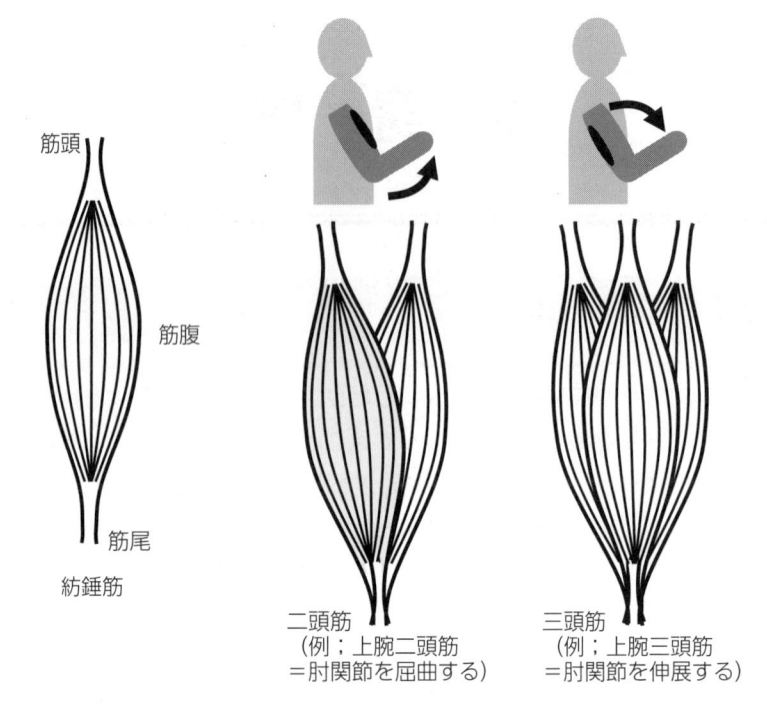

筋頭

筋腹

筋尾

紡錘筋

二頭筋
(例；上腕二頭筋
＝肘関節を屈曲する)

三頭筋
(例；上腕三頭筋
＝肘関節を伸展する)

図 Ⅱ-1-1　紡錘筋，二頭筋，三頭筋〔模式図；著者作図〕

頭筋は，それぞれ肘関節を屈曲させたり伸展させたりする場合に収縮する．

その他，羽状筋，半羽状筋，多腹筋，鋸筋などの形状がある．筋力を高め余裕をもって日常生活を過ごすことやロコモティブシンドローム予防のための筋力強化を目的としたレジスタンストレーニングの実践は有益である．強化したい筋が決まったら，筋の位置や形状，またどのような動きにより筋力が発揮されるのかなどを確認する必要がある．

例えば，体幹の筋を鍛える場合，上体起こしのような腹筋運動がイメージされる．この上体起こしにおける腹部の屈曲により主に鍛えられる筋は腹部中央にある腹直筋で形状は多腹筋である．ただし，体幹を鍛えるためには，外腹斜筋や内腹斜筋なども鍛える必要があるが筋の位置や形状は異なり，鍛えたい筋によっては体幹を回旋する動きが効果的である場合がある．さらに体幹の前部だけではなく背部の筋も鍛える必要がある．

このように強化したい筋の位置やその形状について理解した上で，筋が収縮・弛緩する正しい方向や動きについても注意しなければ効果は期待できない．骨格筋の位置や形状を理解していないと効果が得られないばかりか，ケガをする可能性もあり注意が必要である．

筋力の向上を目的としたり動きの中で注意したりすることが多い骨格筋の位置やその形状については，専門書掲載の正確な解剖図などで確認が必要である〔➡調べる③〕．

【調べる③】さらに詳しく骨格筋の位置や形状を調べる

| 厚生労働省　人体各器官図 | 検索 |

1.3 骨格筋の構造

　自分の意志にもとづく随意運動で利用される骨格筋には層構造が認められる．詳しい構造に関しては専門書で確認できるが，構成単位である筋線維については，その特性を理解しておくと，体力・健康づくりに適した運動内容を選択する場合に参考になる．

　筋の断面図（図 II-1-2）で確認すると，骨格筋は筋線維束から構成されている．その筋線維束を構成するのが筋線維である．筋線維は，さらに筋原線維から構成されており，筋原線維はアクチン・フィラメントとミオシン・フィラメントから構成されている．2種類のフィラメントが相互に滑り込むように移動することによって筋収縮がなされる構造になっている．

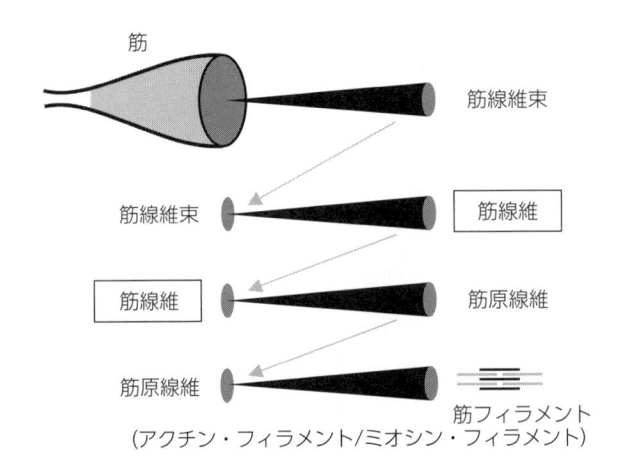

図 II-1-2　骨格筋の構造〔模式図；著者作図〕

1.4 筋線維のタイプと特徴

　筋線維のタイプは3つに分類することができ，それぞれ特徴がある（表 II-1-1）．遅筋と呼ばれる収縮速度が遅い線維（ST ; slow-twitch）と速筋と呼ばれる収縮速度が速い線維（FT ; fast-twitch）に分類される．速筋は，さらに2種類に分類され，FTa と FTb として区別される．FTa 線維は，ST 線維と FTb 線維の中間的な特徴を有している．また，FT 線維は ST 線維の2〜3倍の速度で収縮が可能である．ST を type I，FT を type II と分類することもある．

　遅筋線維は，文字通り収縮速度は遅いが，1時間以上も張力を低下することなく収縮を続ける

表 II-1-1　筋線維の分類と特性

	筋線維				
	ST type I		FTa type IIa		FTb type IIb
収縮速度	遅い	≪	速い	=	速い
酸化能力	高い	≫	中間	>	低い
解糖能力	低い	≪	高い	=	高い
疲労耐性	高い	≫	中間	>	低い

≫は大きな差異があることを，>は差異があることを，＝はほとんど差異がないことを示す．

（勝田編著「入門運動生理学（第4版）」杏林書院，p.13，2015）

ことができ疲労耐性は高い．速筋線維は，逆に収縮速度は速いが数分間で張力が大きく低下する．速筋線維のうち，FTa線維はFTb線維に比べると疲労耐性は高い．筋収縮エネルギーの供給過程との関係から，遅筋線維は酸化能力（酸化的リン酸化によりATPを産出する能力）が高く，速筋線維は解糖能力（解糖によりATPを産出する能力）が高い．

　筋線維の割合は，競技選手は競技適性を判断する目的で，筋組織を取り出し薬品で染色する方法などにより，その割合を確認することがある．一方，競技者ではない運動実践者は，検査キットなどを利用して調べることも可能であるが一般的ではない．自分の過去の運動経験や家族の運動歴などから，筋線維の大体の割合を推測することは可能と考えられる．

　例えば，過去に柔道の軽量級の選手であり重量級の相手も簡単に投げることができた人が，ランニングをすると長い距離は走れないというようなケースがある．この場合は，速筋線維の割合の方が大きいと推測される．一方，運動部の部員ではなかったが，校内の長距離走の大会や20mシャトルランのテストでは，陸上部の長距離を専門とする人より成績が良かった，あるいは同じくらいであったというようなケースがある．この場合は，遅筋線維の割合の方が大きいと推測される．なお，必ずどちらかの筋線維の割合の方が大きいということではない．速筋線維と遅筋線維の割合に大差がない人は多いと推測される．

　一般の運動実践者にとって，過去の運動経験などから自覚される筋線維の割合は，長く運動を継続していくための種目選択に参考になる．つまり，体力・健康づくりでは，自分がどのタイプの筋線維を割合的に多く有しているのかを理解していると無理な運動が避けられる．瞬発能力に優れる速筋線維の割合が大きいと推測される人がジョギングやサイクリングなどの全身持久力を高めるような運動を選択すると，長時間の運動では疲労しやすいため長続きしない可能性がある．一方，持久能力に優れる遅筋線維の割合が大きいと推測される人が高強度のレジスタンストレーニングを運動種目として選択すると疲労感が大きく有酸素運動時のような快適感が得られないことがあり，この場合も長続きしない可能性がある．

　色々な運動を組み合わせて実践することは有効であるが，筋線維のタイプや特徴についての基礎理解は，体力・健康づくりにおいての運動種目の選択に参考になる．特に，家族や友達同士など複数人で同じ運動を継続しようとする場合には注意が必要である．

1.5　筋収縮の様式

　筋収縮の様式（図Ⅱ-1-3）は，外から動きが確認されない静的収縮の様式と動きが確認される動的収縮の2つに分類される．静的収縮は，筋の長さが変わらない筋収縮の様式で，等尺性収縮（アイソメトリックコントラクション）と呼ばれる．

　動的収縮は，筋の長さが変化する筋収縮の様式で，等張性収縮（アイソトニックコントラクション）と等速性収縮（アイソキネティックコントラクション）の2つに分類される．等張性収縮は，筋収縮による張力が一定である場合の収縮様式である．また等速性収縮は，収縮により生じる動きの速さが一定の場合の収縮様式である．

　筋の収縮では，主働筋（直接的に動作を起こすために働く筋）と拮抗筋（主働筋と逆の動きを起こす筋）の両方が関与するが，主働筋が短縮しながら力を発揮するのが短縮性収縮（コンセントリックコントラクション）であり，主働筋が伸張しながら力を発揮するのが伸張性収縮（エキ

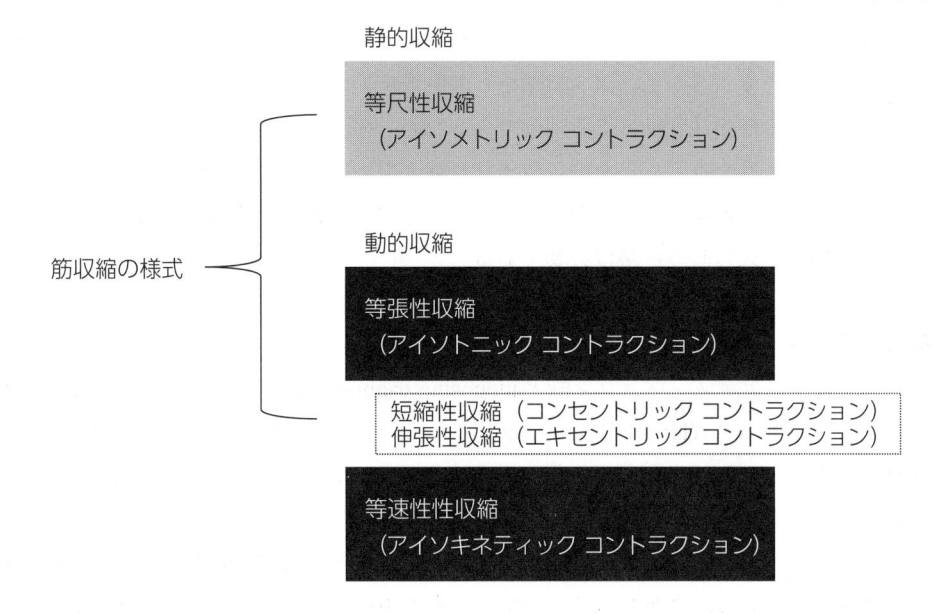

図 II-1-3　筋収縮の様式一覧〔模式図；著者作図〕

セントリックコントラクション）として区別される.

　実際の動きで確認すると（図 II-1-4），肘関節を屈曲した状態でダンベルを保持しているのが等尺性収縮の例である．また，外から動きが確認でき，ダンベルを持ち上げているのが短縮性収縮，ダンベルを下ろしているのが伸張性収縮である．この例の肘関節を屈曲あるいは伸展する場合，上腕二頭筋を主働筋，上腕三頭筋を拮抗筋とすると，短縮性収縮の例では上腕二頭筋が短縮し，伸張性収縮の例では上腕二頭筋が伸展し，それぞれ力を発揮している．なお，短縮性収縮と伸張性収縮の例は，動きの速度（角速度）が一定であれば等速性収縮の例になる.

　筋収縮の様式を理解することは，筋力の維持向上を目的とする正しいレジスタンストレーニン

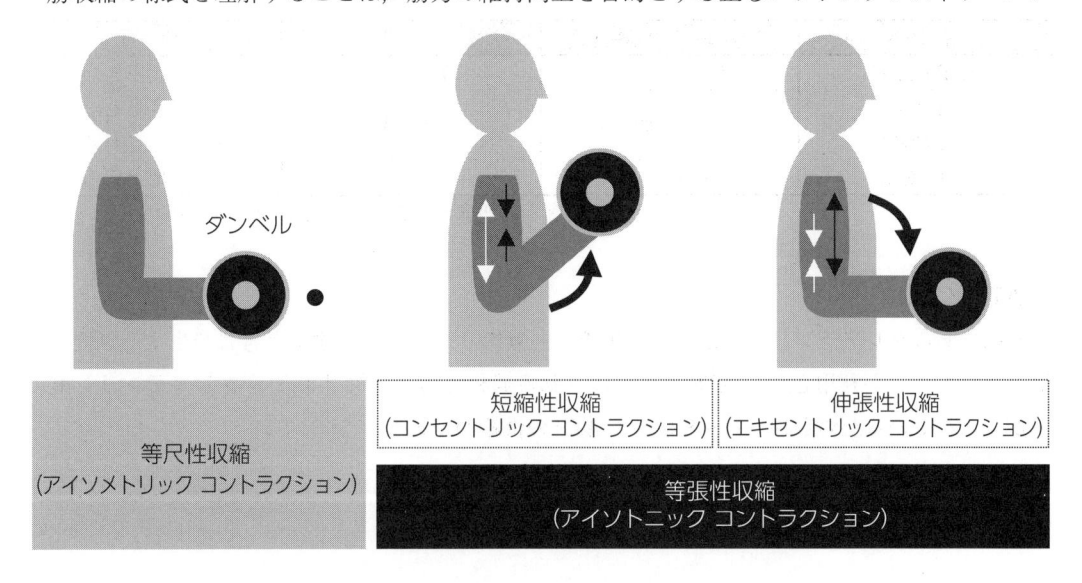

図 II-1-4　ダンベルを利用した動きによる筋収縮の様式例〔模式図；著者作図〕

グの種目を選択する際に役に立つ．例えば，柔道選手はトレーニングの中で腕立て伏せを何度も
しているイメージがある．しかし，試合で相手との距離を縮めることが重要であれば，腕立て伏
せは肘関節を伸展する伸張性収縮による運動であるため，相手を引き付ける肘関節を屈曲する短
縮性様式による運動とは一致していない．つまり，鍛えたい様式の筋力の強化になっていない可
能性がある．競技場面のみならず，体力・健康づくりにおける正しい筋力の維持向上の方法を決
める際に，筋収縮の様式の基礎理解は必要である．

1.6 筋収縮のエネルギー

　筋収縮には，ATP（アデノシン三リン酸；adenosine triphosphate）が必要であり，ATPは3つ
の過程を経て産出される．ATPは，1つのアデノシンと3つの無機リン酸で構成されているが，
ADP（アデノシン二リン酸）と無機リン酸に分解されるときにエネルギーが産出される．なお，
糖質，脂質，タンパク質がATPの供給源になる．

　糖質は，筋や肝臓ではグリコーゲン，血液中でグルコースとして蓄えられている．肝臓に蓄え
られているグリコーゲンは，グルコースに分解され血液中に放出され，グルコースは筋に取り込
まれ，再度グリコーゲンに合成されるかATP産出のために利用される．

　脂質は，脂肪組織ではトリグリセリドとして蓄えられている．トリグリセリドはグリセロー
ルと遊離脂肪酸へ分解された後に血液中に放出され，遊離脂肪酸は筋でATP産出に利用される．
脂質により産出されるエネルギーは糖質より大きい．糖質1gから約4kcalのエネルギーが得ら
れるのに対し，脂質1gから約9kcalのエネルギーが産出される．

　タンパク質は，アミノ酸に分解された後，筋でATP産出に利用される．低強度で持久的な運
動においてエネルギーを供給するが，糖質や脂質に比べると供給の割合は小さい．

　ATP産出の3つの過程には，ATP-PCr系，解糖系，有酸素系がある（表Ⅱ-1-2）．

表Ⅱ-1-2　3つのエネルギー供給系

	エネルギー供給速度	エネルギー供給時間	特　徴
ATP-PCr系	もっとも速い	7〜8秒	酸素を必要としない
解糖系（乳酸系）	中　間	32〜33秒	酸素を必要としない　乳酸が産生される
有酸素系	もっとも遅い	∞	酸素を必要とする

（勝田編著「入門運動生理学（第4版）」杏林書院，p.7，2015）

① ATP-PCr系

　筋内にあるクレアチンリン酸が，クレアチンと無機リン酸に分解するときに発生する無機リン
酸とエネルギーが利用されてATPが再合成される過程である（図Ⅱ-1-5）．クレアチンリン酸の
量が限られているため数秒（7〜8秒）でATPの供給ができなくなる．

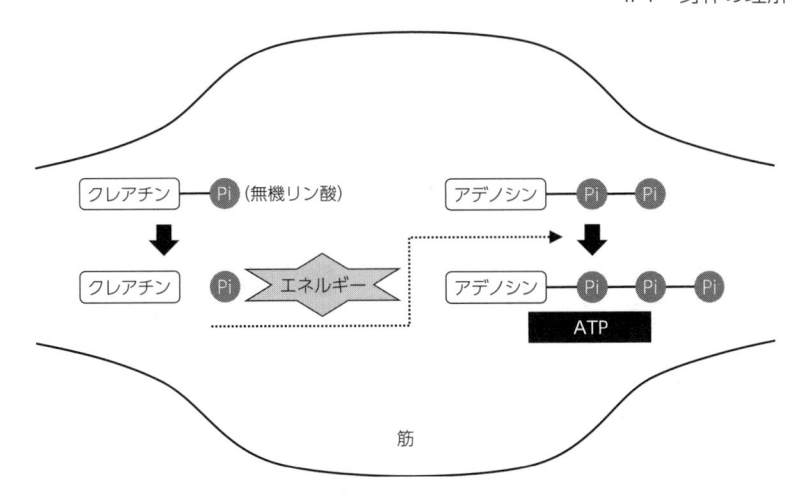

図 II-1-5　ATP-PCr 系〔模式図；著者作図〕

② 解糖系

　筋にある糖質が分解されることにより，つまり解糖によって生じるエネルギーを利用して ATP が再合成される過程である（図 II-1-6）．解糖系では乳酸が産出されるため乳酸系と呼ばれることもある．また，ATP-PCr 系と解糖系の過程では酸素を必要としないため無酸素系として分類される．エネルギーの供給時間は 30 秒程度である．

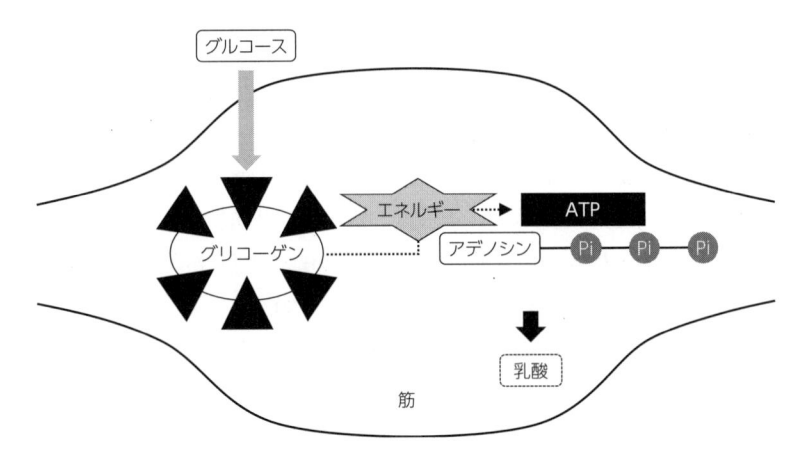

図 II-1-6　解糖系〔模式図；著者作図〕

③ 有酸素系

　筋内のミトコンドリア内で酸素を利用し ATP を産出する過程である（図 II-1-7）．複雑な過程を経てエネルギーが産出される．その過程については専門書で詳細を確認できる．

　この有酸素系のエネルギー供給速度は 3 つの過程の中では一番遅い．しかし，酸素が十分に供給され糖質や脂質が蓄えられていれば，無限にエネルギーを供給することができる．なお，解糖系で産出される乳酸の蓄積は運動の継続を制限するが，有酸素系で産出される二酸化炭素と水は人体には無害であり，この系のエネルギーを利用する運動の継続には利点がある．

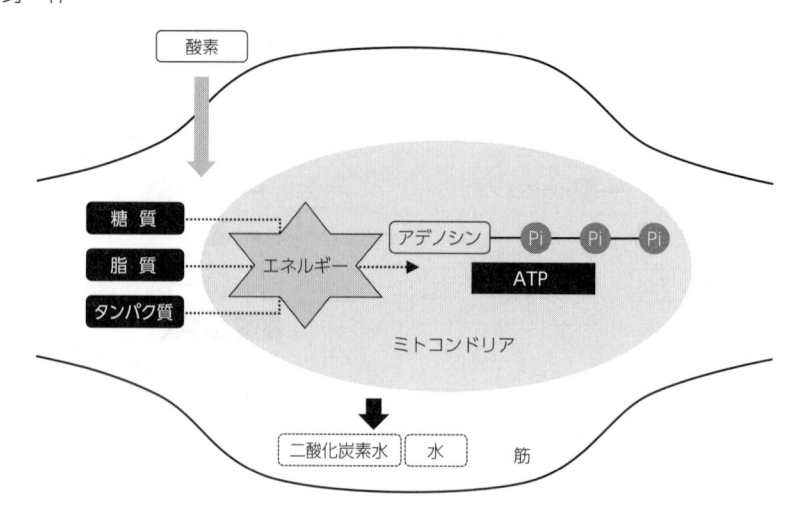

図 II-1-7　有酸素系〔模式図；著者作図〕

　以上から，筋収縮のエネルギー産出過程におけるそれぞれの特性が理解できる．生命活動を維持する場合のみならず，体力・健康づくりにおいても，毎日の食事によりエネルギー源となる糖質，脂質，タンパク質の摂取が必要であることや，ジョギングなどの有酸素運動により過剰に蓄積された脂質がエネルギー源として利用されることも理解できる．

＜文献・資料＞
1）藤原勝夫編著「運動機能解剖学」北國新聞社，2019.
2）金子公宥・福永哲夫編「バイオメカニクス－身体運動の科学的基礎－」杏林書院，2004.
3）勝田　茂編著「入門運動生理学（第4版）」杏林書院，2015
4）中村隆一・齋藤　宏・長崎　浩「基礎運動学（第6版）」医歯薬出版，2003.
5）大山卞圭悟「アスリートのための解剖学」草思社，2020.
6）渡邊裕也「下肢と体幹の筋がよくわかる基礎ノート」杏林書院，2022.

MEMO/NOTE

II-2 身体の理解〔神経〕

　日常生活において明るさや気温の変化を理解したり，食べ物の味や匂いを感じたり，また
スポーツ場面では平均台上でバランスを保つことが可能であるが，いずれも入力された感覚
情報にもとづき適正な処理がなされ目的に応じた運動や動作がなされている．この過程にお
いては，感覚情報が中枢の対応する部位に伝えられ適切な判断のもと運動が調節されている．
　体力・健康づくりのための運動実践の準備として，運動の実践者である我々人の身体につ
いて理解するため，本項では神経に関する基礎的な内容について解説する．

2.1　神経系の分類

　身体において，約 60 兆個の細胞が互いに連携し様々な機能を果たしている．外部からの刺激
に対して素早く反応し各器官に情報を伝達するネットワークが神経系である．この神経系の複雑
なネットワークを利用して，日常生活や体力・健康づくりの場面において，判断したり考えたり，
また調節したりすることの他に，状況に応じた随意運動が発現される．

　神経系は，脳と脊髄から構成される中枢神経系と脳神経（12 対）と脊髄神経（31 対）から構
成される末梢神経系の 2 つに分類される（図 II-2-1）．

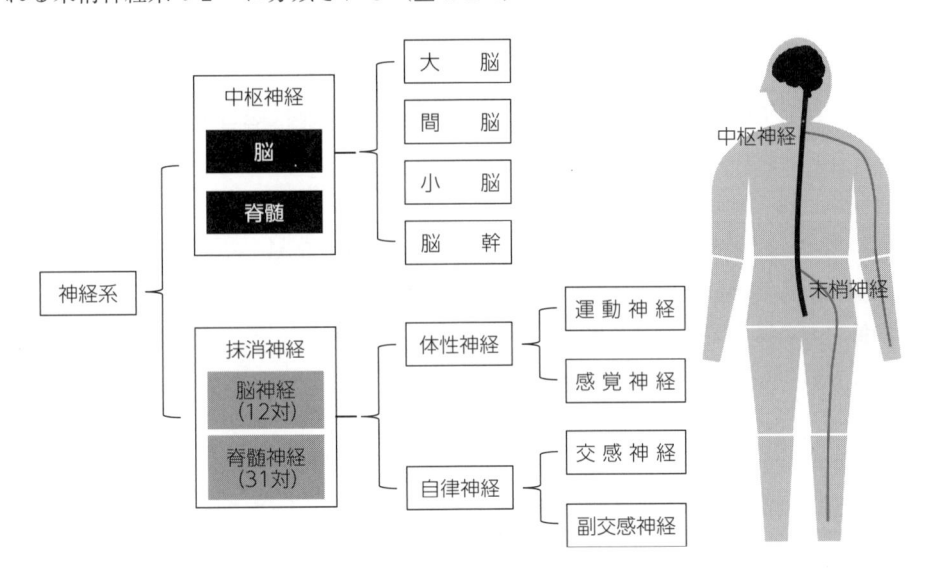

図 II-2-1　神経系の分類〔模式図；著者作図〕

2.2　中枢神経系

　中枢神経系は，大脳，間脳（視床，視床下部），小脳，脳幹（中脳，橋，延髄）および脊髄か
ら構成されており，それぞれの部位において対応する機能や役割がある．

① 大脳

　大脳は，一番外側に位置し，大脳を上部から観察すると中心部に溝があり，左右2つの半球に分かれている．この左右の半球は脳梁によりつながっている．大脳において，直感や想像力は右脳，読む・書く・話すなどの言語活動は左脳と役割が分担されている．大脳皮質（大脳の表面）においては，それぞれの部位に対応した機能・役割が確認されている．

　大脳皮質は，前頭葉，頭頂葉，側頭葉，後頭葉に区分される（図Ⅱ-2-2）．例えば，前頭葉のうち頭頂葉に近い部位の運動野と運動前野は「運動する」ことに関係する部位である．他に，頭頂葉における体性感覚野は「感じる」，側頭葉における聴覚野は「聴く」，後頭葉における視覚野は「見る」ことに，それぞれ対応しており部位により機能や役割が異なる．

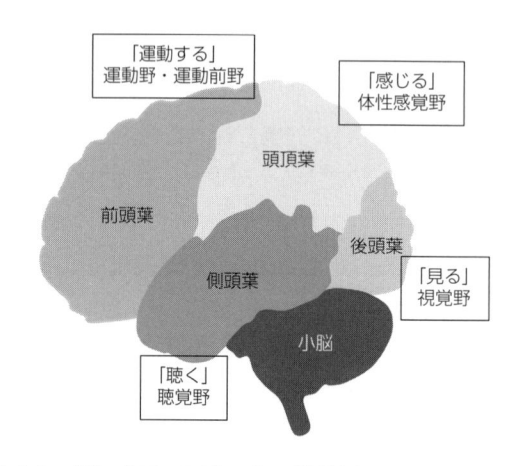

図Ⅱ-2-2　脳における区分と主な機能例〔模式図；著者作図〕

② 間脳

　間脳においては，視床と視床下部が主要な部位である．皮膚などから入力された感覚情報が視床に届き大脳皮質の各部位に伝えられる．つまり，視床は感覚統合に重要な部位であり，特に随意運動の調節において重要な役割を果たす．視床下部は，心拍数，血圧，体温，呼吸，水分代謝，食欲，睡眠などについての体内環境を一定に保つ役割がある．

③ 小脳

　小脳は，脳幹の後部に位置し，運動を調節する役割を果たす．つまり，上肢・下肢，また手足の指先の動きを状況に応じて調節し，歩いたり走ったりすることや身体のバランスを保つことに大きな役割を果たす．そのため，小脳の機能に問題が生じるとまっすぐに歩くことができなくなったり手が震えたりするなどの症状が出る．

④ 脳幹

　脳幹（中脳，橋，延髄）は脊髄と脳をつないでいる．脳幹は，骨格筋の調節，筋張力の維持，呼吸循環器の調節などの役割を担う．つまり，生命維持に不可欠な部位である．全身の器官から脳に届く情報と中枢から抹消に伝えられる情報の両方が脳幹を通過する．

⑤ 脊髄

　脊髄は，脳から延長した神経の束で中枢神経の一部である．背骨の中を通り延髄と末梢神経とを連絡している．位置としては首の頸椎から腰の腰椎まで伸びている．脳と全身を結ぶ連絡路であるが，瞬時の危険を察知すると脳に代わり反射運動をおこし危険を回避する．

　脊髄の断面を観察すると，外側が白質で内側に H 型の灰白質がある．灰白質には前角，後角，側角の区分があり機能も異なる．全身の感覚器からの入力情報は後角を通り大脳へと伝えられるが，大脳からの筋収縮のための情報などは前角を通り筋に伝えられる．このように感覚神経と運動神経の経路が分かれていることで情報の混乱が起きないようになっている．

2.3　末梢神経系

　末梢神経系は，中枢神経から全身へとつながる脳神経 12 対と脊髄神経 31 対の合計 43 対の神経から構成されている．末梢神経は，体性神経と自律神経に分類され，さらに体性神経は運動神経と感覚神経，自律神経は交感神経と副交感神経に分類される．

① 運動神経と感覚神経

　体性神経は随意運動や知覚をコントロールするための経路である．運動神経（運動ニューロン）は骨格筋を支配し意思に基づく随意運動を調節する．つまり，運動を引き起こすインパルスが脳幹を通り脊髄を下降し運動神経に到達し筋収縮がなされる遠心性の経路である．なお，遠心性とは中枢から抹消へ神経情報が伝えられる場合の方向を表し，求心性とは末梢から中枢へ神経情報が伝えられる場合の方向を表すもので両者が区別される．

　感覚神経は抹消において入力された様々な情報を中枢に伝える求心性の経路である．具体的には，味覚，触覚，嗅覚，聴覚，視覚からの情報の他，皮膚，筋や腱からの情報を中枢に伝える．末梢において上記の情報（刺激）を受け取る器官を受容器と呼ぶ．つまり，刺激を受ける部分が受容器で，その受容器から情報を受けて働くのが効果器である．骨格筋などが効果器である．受容器にはタイプがあり，例えば，圧，触，振動などを受け取る受容器は機械受容器，温度や光を受け取る受容器は，それぞれ温度受容器，光受容器である．

② 交感神経と副交感神経

　自律神経は自分の意思ではコントロールできない．自律神経は，交感神経と副交感神経に区別されるが，いずれも神経伝達の方向性は遠心性である．

　交感神経と副交感神経は常にバランスを保っており相反する作用をする．例えば，交感神経は心拍数を増加させるが，副交感神経は心拍数を減少させる．他には，交感神経は胃の運動や腸の蠕動運動を抑制するが，副交感神経は胃の運動や腸の蠕動運動を促進する．つまり，リラックスしているときに胃や腸の運動が促進されるようにコントロールされている．

2.4　神経細胞（ニューロン）と運動単位

　神経の最小単位である神経細胞（ニューロン）は，細胞体，樹状突起，軸索，シナプスから構成される（図 II-2-3）．神経細胞の役割は受け取った指令を他のニューロンや一般細胞に伝える

ことである．細胞体が興奮すると情報が電気信号（インパルス）になり，軸索を通り情報が伝えられる．細胞間の情報伝達はシナプスを介してなされる．なお，ニューロンには，軸索が髄鞘で覆われている有髄神経と覆われていない無髄神経があり，有髄神経は無髄神経に比べると神経伝達の速度が非常に速い（秒速 100 m を超えることもある）．

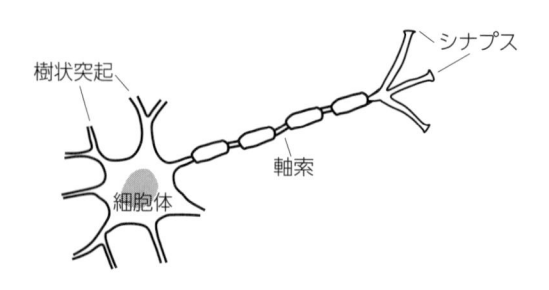

図 Ⅱ-2-3　神経細胞の典型的な構造〔模式図；著者作図〕

　骨格筋の働きを直接支配するニューロンが運動ニューロンである．1 つの運動ニューロンと支配される一群の筋線維を合わせて運動単位という．また，1 つの運動単位に属する筋線維のタイプはすべて同じである．つまり，1 つの運動ニューロンが興奮すると支配するすべての筋線維にインパルスが送られ一群の筋線維がすべて収縮する．

　それぞれの運動ニューロンには，インパルスに反応するレベルがあり，その閾値を超えた場合に最大の強度で興奮するという特性がある．一般に，発揮される筋力が小さい時は，遅筋線維（ST, Type Ⅰ）のみが収縮に動員されるが，発揮筋力が高くなるに従い FTa 線維，さらに高い筋力発揮レベルで速筋線維（FTb, Type Ⅱ）も動員されるようになる（図 Ⅱ-2-4）．最大筋力を発揮している状態では，すべてのタイプの筋線維が動員される．

　レジスタンストレーニングにより筋線維の肥大が起きることは確認されており，その肥大率は遅筋線維（ST）より速筋線維（FT）においての方が大きいことが報告されている．筋線維の動員パターンにおける発揮筋力の程度と動員される筋線維の割合との関係を理解し，レジスタンストレーニングの負荷を設定すれば筋線維の割合の変化が期待できる．

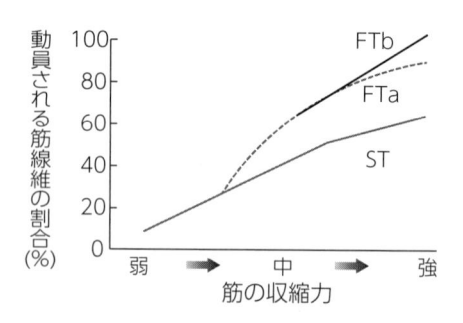

図 Ⅱ-2-4　筋線維の動員パターン（Wilmore and Costill「Physiology of Sport and Exercise, 2nd ed.」Human Kinetics, p.44, 1999）

＜文献・資料＞

1）勝田　茂編著「入門運動生理学（第 4 版）」杏林書院，2015.

2）西平賀昭・大築立志「運動と高次神経機能」杏林書院，2005.

3）麻見直美・川中健太郎編集「運動生理学」羊土社，2019.

4）坂井建雄「世界一簡単にわかる人体解剖学」宝島社，2015.

5）Wilmore JH・Costill DL「Physiology of Sport and Exercise, 2nd ed.」Human Kinetics, 1999.

MEMO/NOTE

II-3　身体の理解〔呼吸循環〕

学習や仕事が一段落して座位から立ち上がり廊下を歩いたり階段を昇り降りしたり，またウォーキングやジョギングを始めると呼吸数や心拍数が増える．さらに，酸素摂取量が増えると運動の継続に必要なエネルギーを供給するため我々の身体では様々な変化が起きる．

体力・健康づくりのための運動実践の準備として，運動の実践者である我々人の身体について理解するため，本項では呼吸・循環に関する基礎的な内容について解説する．

3.1　呼吸と肺換気量・呼吸商

呼吸により，体内に酸素を取り込み体外に二酸化炭素を排出する．つまり，口や鼻から取り込まれた空気は気管を通り肺に運ばれ肺胞で酸素と二酸化炭素の交換がなされる（図 II-3-1）．成人の安静時の呼吸数は 1 分間当たり 10 〜 20 回程度であるが，最大運動時には 1 分間当たり 60 回を超えることがある．

1 回換気量は，安静時 500 〜 600 ml，最大運動時 1,500 〜 2,500 ml である．そのため下式より，肺換気量は，安静時 5,000 〜 12,000 ml/ 分，最大運動時 90,000 〜 150,000 ml/ 分になる．加齢に伴う筋力や筋量の低下により 1 回換気量は低下傾向を示す．

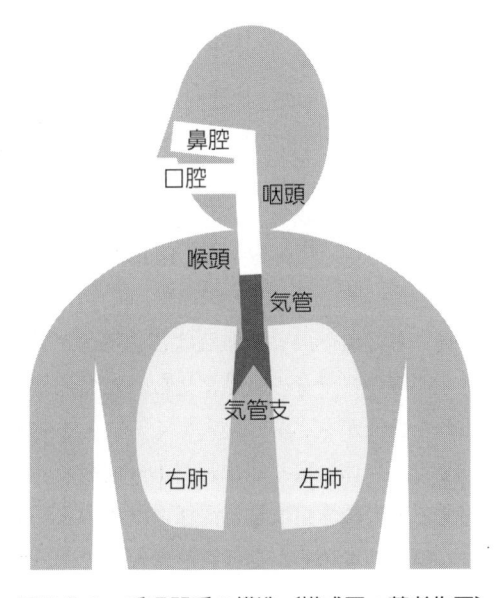

図 II-3-1　呼吸器系の構造〔模式図；著者作図〕

$$肺換気量（ml/ 分）＝呼吸数（回 / 分）× 1 回換気量（ml）$$

摂取した酸素に対する排出した二酸化炭素の比（二酸化炭素／酸素）が呼吸商である．この比率は，身体活動に利用される糖質と脂質の比率に対応しており，脂質のみが利用されている場合の呼吸商は約 0.7，糖質のみが利用されている場合の呼吸商は 1.0 になり，0.7 から 1.0 の間の値になる．運動強度が高いと呼吸商が 1.0 に近い値になり，運動強度が低い運動を長時間実施すると呼吸商が 0.7 に近づく．このことは高い運動強度の運動では糖質が主なエネルギー源となり，低い運動強度の持久的な運動では糖質に代わり脂質が利用されるようになることを表している．つまり，体重の減量を目的とした運動では低い運動強度が適当である．

3.2　血液の循環と酸素摂取量

呼吸により生体に取り込まれた酸素を含む血液は，心臓の収縮により肺静脈を通り心臓の左心房に運ばれ，左心室から動脈を通り全身の組織に運ばれる．各組織で酸素が利用された後，静脈

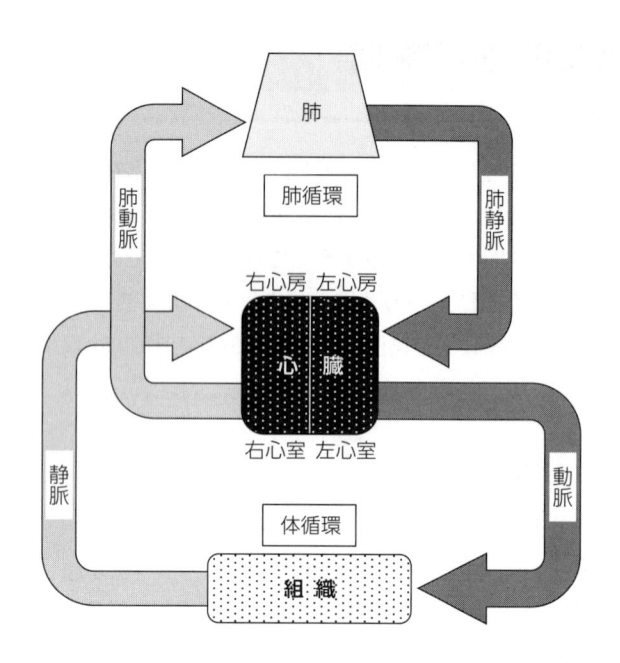

図 II-3-2　血液の循環〔模式図；著者作図〕

を通り右心房へ戻った血液は右心室へと循環する（図 II-3-2）.

　左心室から全身の組織に送られた血液が右心房に戻ってくることを体循環，右心室から肺に送られた血液が左心房に戻ってくることを肺循環という.

　また，生体に取り込まれた 1 分間当たりの酸素の量を酸素摂取量という. 酸素摂取量は別に説明する最大酸素摂取量と同様に，その量が健康状態と対応する関係にある. なお，動脈と静脈が含む酸素の量の差が動静脈酸素較差であり酸素摂取量は以下の式で表される.

$$\text{酸素摂取量}＝\text{心拍出量}\times\text{動静脈酸素較差（動脈血酸素含有量}－\text{静脈血酸素含有量）}$$
$$＝1\,\text{回拍出量}\times\text{心拍数}\times\text{動静脈酸素較差}$$

　上式に示す酸素摂取量と 1 回拍出量，心拍数，動静脈酸素較差の関係は「フィックの原理」と呼ばれる. 動静脈酸素較差が生じる過程（図 II-3-3）で，例えば，心臓が大動脈へ送り出す血液に 1 ml 当たり約 0.20 ml の酸素が含まれており，組織で酸素が消費された後，大静脈に戻ってくる血液に 1 ml 当たり 0.16 ml（安静時）の酸素が含まれている場合, 動静脈酸素較差は 0.04 ml（1 ml 当たり）となる（図 II-3-3 の例では A － B が動静脈酸素較差である）.

　この動静脈酸素較差が大きいと酸素摂取量のみならず最大酸素摂取量も大きくなる. この原理を理解しておくと，最大酸素摂取量を増やしたい場合に参考になる.

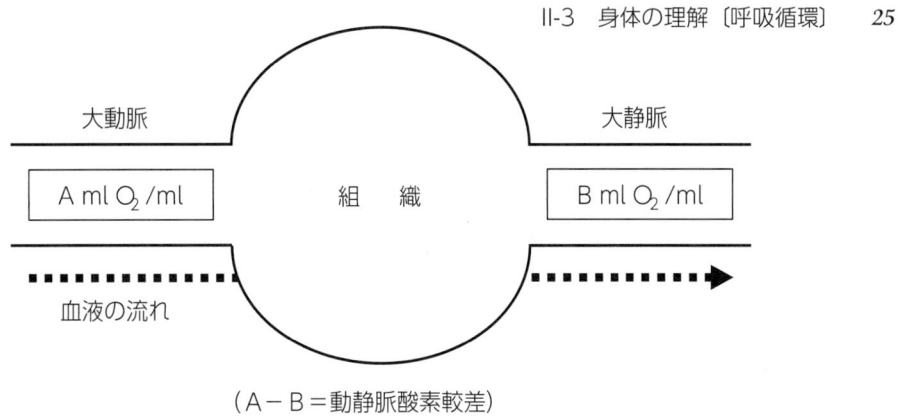

（A－B＝動静脈酸素較差）

図 II-3-3　動静脈酸素較差が生じる過程〔模式図；著者作図〕

3.3　最大酸素摂取量

　酸素摂取量は，図 II-3-4 に示すように運動強度が高くなるに従い直線的に増加することが知られている．最終的には運動強度をさらに高くしても酸素摂取量が増えないレベルに到達する．このレベルの酸素摂取量が最大酸素摂取量である．最大酸素摂取量を実験室的な環境で正確に測定することは一般的ではないが，フィットネスルームなどに設置されているステーショナリーバイク（固定式の自転車）などを利用して測定可能である．つまり，最大下の運動中の心拍数の変化と負荷の大きさとの関係から間接的に測定できる．また，文部科学省の新体力テストにおける 20 m シャトルランの折り返し数からも推定することができる．

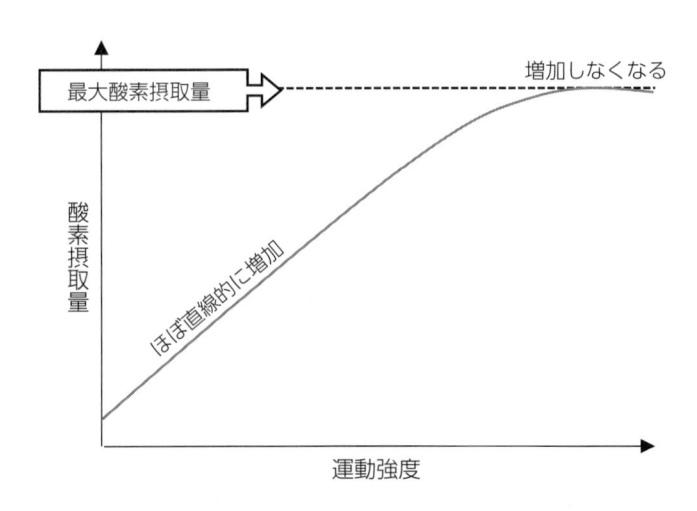

図 II-3-4　酸素摂取量と運動強度の関係〔模式図；著者作図〕

　最大酸素摂取量は，体力を構成する全身持久力の代表的な評価指標であり，また中高年者の健康状態や生活習慣病罹患との関係も明らかになってきている．脂質代謝異常，高血圧，冠動脈疾患，総死亡率などと関係があることが報告されている．最大酸素摂取量は，体力・健康づくりにおいて現状の体力水準や健康状態を把握する上で重要な指標である．

　最大酸素摂取量は以下に示すような関係で規定される．年齢により効果の程度は異なるが，例

えば，有酸素運動など全身持久力の向上を目的とした運動により，1回拍出量，最大心拍数，動脈血酸素含有量は増加すると考えられる．一方，筋力や筋持久力の向上を目的としたレジスタンストレーニングにより筋量や毛細血管が増え，組織で利用される酸素量が増加すれば静脈血酸素含有量が減少する．つまり，動静脈酸素較差が大きくなると考えられる．なお，全身の血管の総長は約 10 万 km で，その 9 割以上が毛細血管である．最大酸素摂取量の維持向上には運動の内容，運動による変化，身体の組織・構造などについて理解する必要がある．

最大酸素摂取量

$\quad$ ＝ 1 回拍出量×最大心拍数×動静脈酸素較差（動脈血酸素含有量－静脈血酸素含有量）

最大酸素摂取量の平均値は年齢や性別により異なる．10 歳代後半から 20 歳頃に最大値が認められ，その最大値は男性 45 〜 50 ml/kg/ 分，女性 40 〜 45 ml/kg/ 分程度である．

また，全身持久力が競技パフォーマンスの向上に直結する競技選手では，非常に大きな最大酸素摂取量の値が報告されている．例えば，マラソン選手では平均が 80 ml/kg/ 分である．

絶対値（ℓ / 分）で表された最大酸素摂取量は体格の大きさの影響を受けるため，体重当たりの相対値（ml/kg/ 分）に変換した最大酸素摂取量が基準値や個人間の比較で利用される．なお，最大酸素摂取量は右のように表記されることがある（1分間当たりの値を意味する「・」は省略されることがある）．

読者の中には，文部科学省「新体力テスト」の測定に参加した経験がある人も多いと推測される．全身持久力の測定項目である 20 m シャトルランの折り返し数がわかる人は，以下の WEB サイトにアクセスして推定最大酸素摂取量を確認してみよう．例えば，20 m シャトルランの折り返し数が 50 回の場合，最大酸素摂取量は 37.3 ml/kg/ 分と推定される〔➡調べる④〕．

【調べる④】20 m シャトルランの折り返し数から最大酸素摂取量を推定する

> 20 m シャトルラン最大酸素摂取量推定　　検索

3.4　心拍数と心拍出量

運動を始めると呼吸数の増加とともに心拍数も増加する．心拍数とは心臓の拍動数のことで 1分間当たりの拍動数で表される．また，心拍数は HR（heart rate）と表示されることも多い．脈拍数は身体の各部位の血管が拍動する回数で普通は心拍数と同数である．運動経験や運動不足の状態，あるいは男女で個人差はあるが，成人の安静時の心拍数は 1 分間当たり 60 回から 100 回程度である．1 分間当たりの安静時心拍数が 100 回を超えると頻脈，60 回を下回ると徐脈となる．運動習慣の影響による軽度の徐脈であれば通常治療の必要はない．

また，心臓の 1 回の拍動で送り出される血液の量を 1 回拍出量という．この値と心拍数の積が1 分間に心臓が送り出すことのできる血液の量を表す心拍出量である．酸素摂取量を規定する変量であり，最大酸素摂取量の増加を目標とする場合には理解が必要である．

3.5 心拍数による運動強度―心拍数予備能（%HRR）―

　運動中の心拍数から運動強度を推定することができる．その運動強度は心拍数予備能（%HRR；%heart rate reserved）として表される．算出式（下式）において最大心拍数（HRmax）が必要となる．最大心拍数は，最大酸素摂取量の測定と同様に，実験室的な測定環境のもと最大運動中の値を測定するのが正確な値を知るには最適であるが，測定に慣れていない人や中高年者にとっては身体的な負担が大きく，また測定環境を準備することも容易ではない．そのため，最大心拍数は推定式で推定されることが多い．最大心拍数の推定式は複数提案されているが「220－年齢」で推定する式（カルボーネンの式）が広く利用されており計算も簡単である．この式による最大心拍数の推定値は，若い年代では誤差は少ないが高齢者などにおいて運動習慣や疾患などの条件が異なると実測値との差が大きくなる．

$$\text{心拍数予備能} \atop (\%\text{HRR}) = \frac{\text{運動時心拍数}-\text{安静時心拍数}}{\text{最大心拍数}-\text{安静時心拍数}} \times 100$$

　例えば，運動実施者の年齢が30歳で安静時心拍数が70拍/分の場合，サイクリング中の心拍数が130拍/分であるとすると，上式の分母の心拍数予備量（最大心拍数－安静時心拍数）は120拍/分（190－70拍/分）になる（最大心拍数は「220－年齢」で計算＝190拍/分）．分子は60拍/分（130－70拍/分）になり，心拍数予備能は50%HRRと算出される．

　心拍数予備能（%HRR）と最大酸素摂取量の相対値（%VO$_2$max）で表された運動強度は，注意すべき点もあるが，対応する関係にあり相対レベルもほぼ一致することが知られている．目標とすべき運動強度が%VO$_2$maxで示されることがある．心拍数予備能は，最大酸素摂取量の相対値で表された値と同等に扱うことができ，また心拍数の計測は比較的簡単であるため，体力・健康づくりにおける運動計画立案の際の実用的な運動強度の指標の1つである．

3.6 心拍数による運動強度―自覚的運動強度（RPE）―

　自覚的運動強度（RPE；rating of perceived exertion）は，運動中の心拍数の変化と自覚的な運動強度との対応関係を利用して作成された尺度である．運動中のリアルタイムの心拍数を計測し把握できない場合，この尺度の原理を利用することは，適度な運動強度を保ちながら運動を継続することに役立つ．実践者によって運動強度の感じ方には若干の差がある可能性がある．そのため，事前に心拍数と自覚的な運動強度の対応関係を確認し利用することが推奨される．時計を持っていない時や心拍数を計測するデバイスを装着できない場合，例えば，水中で運動をする場合などにおいては実用的な運動強度の尺度の1つである．

9 ＝かなり楽である	11 ＝楽である	13 ＝ややきつい
15 ＝きつい	17 かなりきつい	19 ＝非常にきつい

　RPEの特徴は，上記の尺度に示された自覚と対応する数値の10倍が心拍数に相当するように尺度が作成されている．つまり，運動中に「ややきつい」と感じるようなら心拍数が130拍/分程度であると推測される．例えば，RPEを利用しながらターゲットとする運動強度より高いこ

とが自覚されたら，この原理を利用して運動強度を低くするよう調整することができる．運動の目的にあった運動強度をモニターする方法として利用が可能である．

＜文献・資料＞

1）勝田　茂編著，和田正信・松永　智「入門運動生理学 第4版」杏林書院，2015.
2）麻見直美・川中健太郎編集「運動生理学」羊土社，2019.

MEMO/NOTE

III 体　力

III-1　体力とは

　日常会話において，体力という言葉はよく使われるが，正しく共通理解ができているので
あろうか．最近体力が落ちてきた，体力測定の結果が同年代と比べて低かったなど，色々な
場面で話題になる．体力が落ちてきたことは総合的な体力についてなのかもしれない．また，
体力測定の結果については要素別についてなのかもしれない．体力の維持向上を目的とする
場合，体力の定義やその構造，また各構成要素について正しく理解する必要がある．
　体力・健康づくりにおける1つの重要なキーワードである「体力」について，共通理解を
深めるため，体力についての考え方，構造，構成要素などについて解説する．

1.1　体力とは

　体力は，目に見えない身体的能力（図III-1-1）であるが，日常会話において「体力」「体力測定」「体
力低下」などの言葉を耳にする．一般には，運動場面や生活場面での身体的な機能水準をあらわ

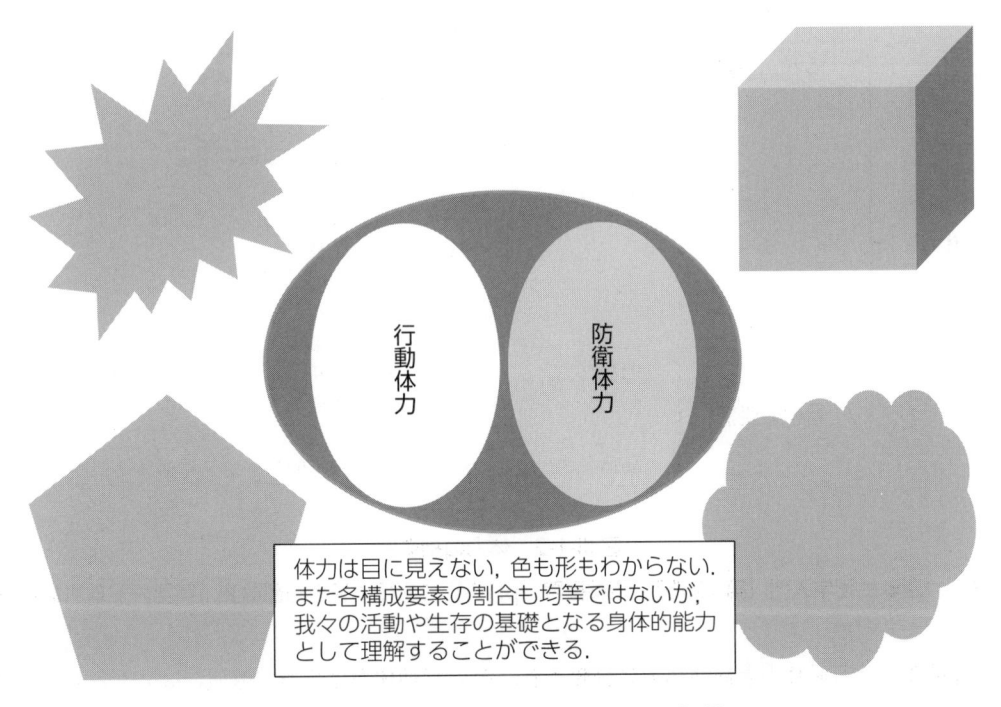

行動体力

防衛体力

体力は目に見えない，色も形もわからない．
また各構成要素の割合も均等ではないが，
我々の活動や生存の基礎となる身体的能力
として理解することができる．

図III-1-1　体力とは？〔著者イラスト作成〕

す場合に利用されることが多い．例えば，運動会で活躍する子どもや体力測定で好成績を示した人は体力が優れているとか，日常生活において体力を維持していると疲れにくいが体力低下により長時間の作業が負担になるといった場面で利用される．体力は，様々な日常生活における活動場面での身体的能力を表す言葉として利用されている．

一方，体力を高く保つことが免疫力を高め病気の予防につながることや，健康状態を良好に保ち生活習慣病を予防することに体力の維持向上が必要であるといった場合にも体力という言葉は利用される．つまり，積極的に活動していく場面とは別に，様々なストレスに打ち勝ち病気にならないための身体的な機能水準を表す場合にも利用されている．

以上のように，体力は，身体活動に関わる能力要素だけではなく，病気に対する抵抗力に関する要素も含む身体的能力として理解することができる．代表的な体力の定義として，体力は「人間の活動や生存の基礎となる身体的能力である」が知られている．

体力の構造を理解し構成要素ごとに測定し評価することにより，目に見えない能力である体力について，総合的あるいは要素別に数値に表して理解することができる．

1.2　体力の構造

体力の構造については，国内で専門家により初期に示された体力の構造例（図Ⅲ-1-2）が知られている．この構造例では，はじめに体力を身体的要素と精神的要素に分けている．

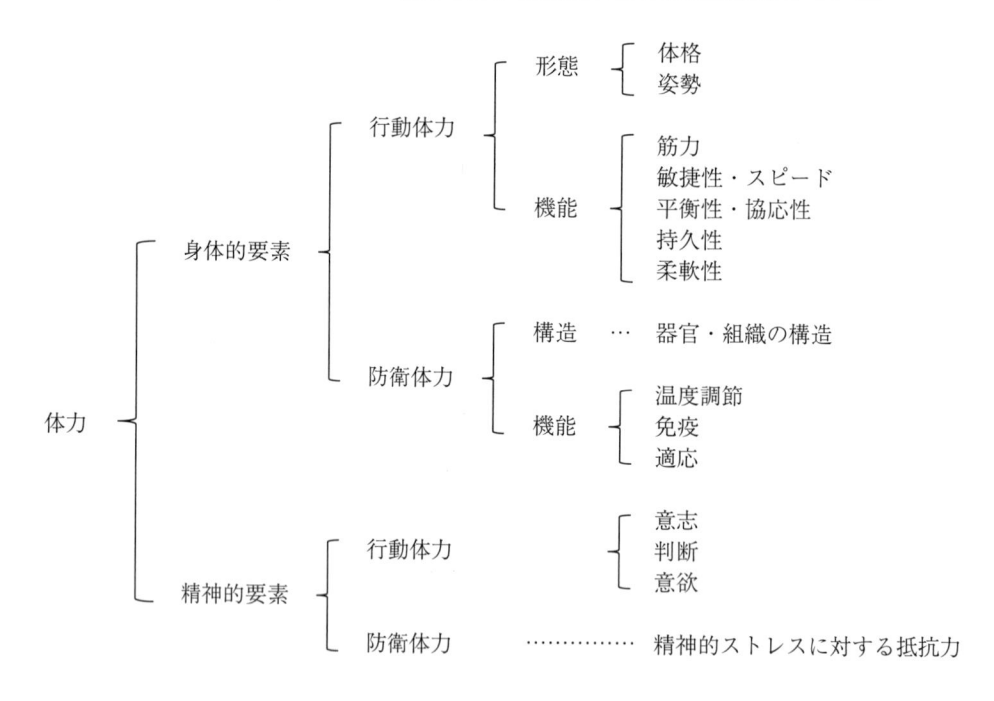

図 Ⅲ-1-2　体力の構造例
（猪飼「運動生理学入門［第 12 版］」杏林書院，p.144，1979；著者一部改変（英語表記省略など））

身体的要素は行動体力と防衛体力に分類され，その行動体力は形態と機能に区分される．形態は体格と姿勢から，機能は筋力，敏捷性・スピード，平衡性・協応性，持久性，柔軟性から構成

される．身体的要素における防衛体力は，構造と機能に区分される．構造は各器官・組織の構造を示す要素である．機能は温度調節，免疫，適応を示す要素から構成される．精神的要素は，身体的要素と同様に，行動体力と防衛体力に分類されるが，その行動体力は意志，判断，意欲から構成され，防衛体力には精神的ストレスに対する抵抗力が相当する．

身体的要素と精神的要素の区分位置に関しては，はじめに行動体力と防衛体力に分け，次に身体的要素と精神的要素を構成要素とする考え方もある．行動体力における筋力，敏捷性，持久性などの発揮には，意志，判断，意欲の要素が関係する．例えば，握力の発揮において最大筋力を発揮しようとする意志，反復運動の課題を効率よく遂行するための判断力，また疲労しても運動を続けようとする意欲は，行動体力に関するパフォーマンス発揮に必要である．

一方，防衛体力において体温調節機能，免疫力，適応力の維持がなされるが，恒常性を保つための様々なストレスには，物理化学的ストレス，生物的ストレス，生理的ストレスがあり，精神的ストレスも防衛体力を構成する1要素として考えることができる．

体力の構造は，因子分析法などを適用して数学的根拠に基づき解明がなされてきた〔➡コラム〕．年齢，性別などの属性により体力の構成要素に若干の違いはあるものの，体力・健康づくりを進めていく過程において実際に測定し評価していくには，以下のような構造が参考になる．一覧の横には各要素への関与が大きい身体機能を示した．

行動体力 　－　 形態　体格，身体組成
　　　　　　　　 機能　筋力，瞬発力，筋持久力〔筋機能〕
　　　　　　　　　　　 全身持久力　　　　　　　〔呼吸循環機能〕
　　　　　　　　　　　 敏捷性，平衡性，協応性〔神経機能〕
　　　　　　　　　　　 柔軟性　　　　　　　　　〔関節可動域〕

初期に示された体力の構造例と比較すると，行動体力における形態の構成要素に関しては再考が必要であると考えられる．現在，学校などで発育発達期の子どもについては運動器検診で姿勢の評価がなされている．しかし，行動体力との関係から姿勢が評価される機会は限られている．一方，現在では身体組成（体脂肪率や骨格筋量など）の測定は生体電気インピーダンス法により容易に測定できる．体格はBMIで評価できるが注意点もある．行動体力における形態の構成要素として身体組成を含めて考えることは現実的であり利点もある．

筋機能が関与する構成要素は，筋力，瞬発力（筋パワー），筋持久力である．初期に示された体力の構成要素には，瞬発力と筋持久力は含まれていない．筋力と瞬発力は異なる構成要素として区別が必要である．持久力は，筋持久力と全身持久力に区別する必要がある．いずれも運動を持続するための要素であるが，筋持久力には筋機能，全身持久力には呼吸循環機能が主に関与する点で大きく異なる．敏捷性は，素早さに関する構成要素であるが，さらに，スピード，アジリティー，クイックネスなどに分類することがある．

また，行動体力の機能を構成する各要素は，以下のように分類することも可能である．分類を参考にして，体力づくりにおけるターゲットとなる要素を決めることができる．

行動を起動するための要素　＝　筋力，瞬発力

行動を持続するための要素　＝　筋持久力，全身持久力

行動を調節するための要素　＝　敏捷性，平衡性，協応性，柔軟性

　防衛体力における構造は，それぞれの器官・組織の特性を示す要素である．機能は，以下の通り精神的要素も含めて4つに分類することができる．

防衛体力　－　機能　物理化学的ストレスに対する抵抗力

生物的ストレスに対する抵抗力

生理的ストレスに対する抵抗力

精神的ストレスに対する抵抗力

　物理化学的ストレスとは，寒冷，暑熱，低酸素・高酸素，低圧・高圧，振動，化学物質などである．生物的ストレスとは，細菌，ウイルス，その他の微生物などである．生理的ストレスとは，運動，空腹，口渇，不眠，疲労，時差などである．また，精神的ストレスとは，不快，苦痛，恐怖，不満などである．それぞれのストレスに対する抵抗力が低下し，恒常性を保つことができず体調不良が生じるような状況は防衛体力が低下した状態である．

1.3　体力の構成要素

　体力の構造が明らかになり，現在では体力は複数の要素から構成されていることが理解できる．なお，図 III-1-3 の体力構成のイメージ図における枠組みの大きさについては，行動体力と防衛体力が同程度の割合を占めているわけではなく，また各要素の総合的な体力全体への貢献度は，

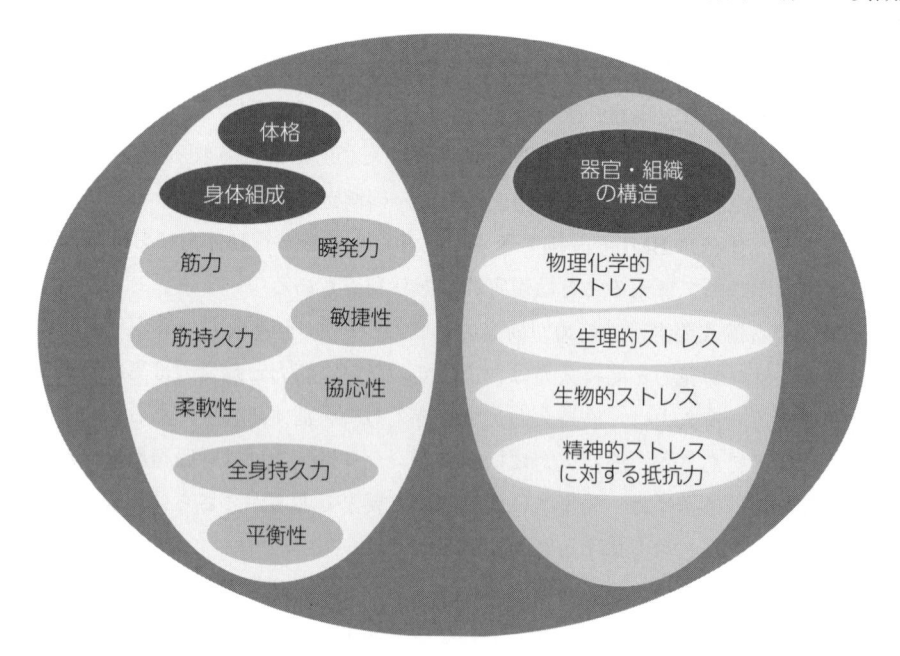

図 III-1-3　体力構成のイメージ〔著者イラスト作成〕

年齢や性別などにより程度に差があることには注意が必要である.

　行動体力の構成要素については，測定用具などがあれば，個人で形態も機能も測定し評価することが可能であるが，防衛体力については，医師による診断や医療機関での医学的検査が必要になる．また，検査項目により正常値の基準が異なり個人での評価は難しい.

　以下に，体力づくりの準備段階や効果の有無の確認において各自で測定可能な行動体力における形態と機能を構成する代表的な 10 要素について，その内容や特徴を示す．なお，各要素の代表的な測定方法や平均値などについては，体力の測定と評価の項で説明する.

① 体格

　体格は，骨格，筋肉量，脂肪量などに基づく身体の外観的特徴を表すものである．平面的な特徴ではなく，肥満度，栄養状態，身体充実度などを代表する要素である．身長や体重の計測は容易であることから，体格は BMI（body mass index）で評価されることが多い.

　身長に対して体重が多いと肥満と判定される．体格と類似する要素として体型があるが，これは身体の外形の種類のことであり，肥満型や痩身型などに分類する場合に利用される．体型については，スポーツ種目や性格との関係が明らかにされている.

② 身体組成

　身体組成は，身体を体脂肪組織や除脂肪組織などに区分した時の身体を構成する成分の組成（量や割合）を表すものである．脂肪組織，骨格筋，骨，血液などに区分することができるが，一般には体重を脂肪量と除脂肪量に区分する 2 組成モデルが利用されることが多い．生体電気インピーダンス法などにより体脂肪率を推定すると，BMI などの体格指数では正確な評価ができない内臓脂肪量を反映した形態特性を評価することができる.

③ 筋力

　筋力は，筋の収縮により発揮できる力の程度を表すものである．他に筋機能が関与する要素に瞬発力（筋パワー）と筋持久力があるが，それぞれ異なる要素として区別が必要である.

　要素としての筋力は握力の最大筋力で評価されることが多い．これは背筋力や脚力などの他の部位の最大筋力と握力の最大筋力との相関関係が高いことが確認されているためである．ただし，ターゲットとなる（維持向上させたいあるいは心配な）筋の部位が決まっていれば，各部位の筋力を直接測定することで，より正しく筋力を評価できる.

④ 瞬発力

　瞬発力は，筋力と似ているが短時間にどれだけ大きな力を発揮できるのかを表す要素で，力の大きさと時間との関係により測定値が得られる．筋パワーと表現されることもある.

⑤ 筋持久力

　筋持久力は，筋の収縮による力の発揮をどれだけ長く持続できるのかを表す要素である.

⑥ 全身持久力

全身持久力は，呼吸循環機能が関与する要素で，酸素を供給できる状態で，どれだけ長く運動を持続できるのかを表す要素である．全身持久力は，行動体力を構成する1つの要素として重要であるが，健康状態とも一定の関係が認められる体力構成要素である．

⑦ 敏捷性

敏捷性は，全身あるいは身体の一部を目的に応じて素早く反復することや刺激に対する反応の速さを表す要素である．類似の要素である，スピードは1つの運動を短時間で完了するための要素，アジリティーは素早い方向転換や切り換えなどに必要な要素，クイックネスは刺激に対する反応や動作の素早さに必要な要素である．スピードは単一の要素として区別されることが多いが，アジリティーとクイックネスは敏捷性の構成要素と考えることもできる．

⑧ 協応性

協応性は，順序や方法が決められた運動課題を正確かつ円滑に遂行できるかどうかを表す要素である．要求される運動課題に応じて，調整力や巧緻性とも呼ばれることがある．

⑨ 平衡性

平衡性は，身体の姿勢を正しい位置に保つことに必要な要素である．静的平衡性と動的平衡性に分類することができ，静的平衡性は立位保持などの動きが少ない場合に必要な要素で，動的平衡性は身体を動かしながらバランスを保つ場合などに必要な要素である．

⑩ 柔軟性

柔軟性は，全身あるいは身体の一部の関節可動域の大きさを表す要素である．静的柔軟性と動的柔軟性に分類することができ，静的柔軟性は各部位の関節可動域の大きさの程度を表す要素である．動的柔軟性は運動中の関節可動域の大きさやその素早さを含む要素である．

1.4　その他の身体的能力

体力の構造と構成要素の特徴を理解することにより，体力・健康づくりにおける目的に応じた測定と評価が可能になる．総合的な体力水準を把握するためには，全ての要素について測定し評価することが好ましい．しかし，体力測定の身体に与える負担は大きく，体力づくりの目的も様々である．さらに，年齢段階や条件によっては，特に中高年者になると体力に対する考え方にも変化が生じる．以下に，その他の身体能力の例をいくつか紹介する．

① 健康関連体力

健康関連体力は，文字通り健康状態を良好に保つために必要な要素から構成される体力である．若いころは健康状態に注意することは少ないかもしれないが，加齢に伴い生活習慣病の予防や日常生活を支障なく営むための日常生活動作の遂行に必要な要素から構成される体力の維持が重要となる．健康の維持増進を第一目的として体力・健康づくりを実践する場合は，以下の構成要素

を参考に健康関連体力を測定し評価することができる.

　　　　　形態　―　身体組成
　　　　　機能　―　筋力，筋持久力，全身持久力，柔軟性

② ADL

　ADLは，Activities of Daily Living の頭文字による略称で，日本語では日常生活能力や日常生活動作などと表現される. 日常生活の中で，起居，更衣，歩行，食事，入浴，排泄などの動作を遂行するために必要な要素から構成され，特に高齢者の生活において維持向上が必要な身体的能力である. 個人が自立して生活するために最低限必要な身体的能力であるため構成要素の名称は身体動作に基づく表現となっている点が体力とは異なる.

③ 運動能力

　運動能力は，走る・跳ぶ・投げるなどの身体運動の成就に必要な身体的能力である. 例えば，遠くへ跳ぶ運動においては，跳ぶスキルに加えて体力の構成要素である瞬発力の関与が大きい. そのため，行動体力の機能を構成する要素と関係が高い身体的能力である.

　運動能力は発育発達期にある子どもなどの身体発達の変化が大きい時期に注目される. 走・跳・投などの基本的な運動を成就するための基礎運動能力や野球，サッカー，水泳などの各種スポーツ種目で必要とされる，例えば，素早く走る，長く走る，ボールを投げる，ボールを蹴る，速く泳ぐ，長く泳ぐなどの専門的な運動能力に区分することもできる.

　他にも体力と類似する身体的能力がいくつか示されている. 特に高齢者においては，起居，歩行，手腕作業，身辺作業の各能力から構成される生活体力や転倒予防のための転倒関連体力などが示されている. 転倒関連体力の構成要素は，筋力（体幹・下肢），平衡性（立位時・動作時），全身持久力などであるが，それぞれ転倒予防のための動作が対応している.

＜文献・資料＞

1) 出村慎一・松沢甚三郎・多田信彦・島田　茂・池本幸雄編著「テキスト保健体育」大修館書店，2002.
2) 出村慎一・村瀬智彦「健康・スポーツ科学入門［改訂版］」大修館書店，2010.
3) 出村慎一監修，宮口和義・佐藤　進・佐藤敏郎・池本幸雄「高齢者の体力および生活活動の測定と評価」市村出版，2015.
4) 猪飼道夫「運動生理学入門［第12版］」杏林書院，1979.
5) 社団法人日本体育学会監修「最新スポーツ科学辞典」平凡社，2006.
6) 田中喜代次・木塚朝博・大藏倫博編著「健康づくりのための体力測定評価法」金芳堂，2007.

■コラム■「体力の構造解明」

　古くから知能に対する興味関心の程度は非常に高く，心理学の研究領域において知能の因子構造の解明の研究が進められてきた．スピアマン（Spearman）は因子分析法を利用し「知能の2因子説」を提唱した．後にサーストン（Thurstone）が，2因子の単純構造では説明できないとして「知能の多因子説」を提唱した．このような能力の構成要素（因子）を明らかにするために利用されてきた因子分析法を適用し，キュアトン（Cureton）が初めて体力の構造解明を試みた．それ以前は仮説構造であったが，因子分析法の適用により体力の構造解明の研究が進み，現在では体力の構造を要素（因子）別に具体的に理解することができる．

MEMO/NOTE

III-2 体力の測定と評価

体力が活動や生存の基礎となる身体的能力であることは共通理解できるが，体力は能力であり目に見えない．しかし，日常会話では，最近体力が落ちてきた，体力を維持するために運動を始めたいなど話題になることは多い．体力が落ちてきたことは自覚できるが，どの体力要素が，どの程度低下したのか．また，体力・健康づくりを目的とした運動を始める前の体力水準はどの程度であろうか．いずれも体力水準を可視化するため要素別に正しい測定項目を選び，正しい方法で測定し，数値などで得られた測定値による評価が必要である．

体力・健康づくりの準備段階や実践過程における効果の有無の確認などで必要となる体力の測定と評価の意義や必要性を示し，また代表的な測定項目と測定方法を紹介する．

2.1 体力の測定と評価の意義

体力測定に参加したことがあれば，体力測定は身体への負担が大きいことを経験しているかもしれない．これは，体力（行動体力）の測定が最大能力の発揮に基づき実施されることが多いためである．つまり，握力の測定では，これ以上発揮できない水準まで握力計を全力で握ることが要求される．また，20 m シャトルランの測定では，高い動機づけを維持し決められたリズムに遅れないように一定の距離の折り返し走を継続しなければならない．

このような測定方法から，体力測定後に筋肉痛などの症状が生じることがある．身体的負担が大きいにもかかわらず，なぜ体力を測定する必要があるのであろうか．体力測定では，測定時の各体力要素別の水準を客観的な数値などにより把握することができる．得られた測定値を同年齢・同性など条件が同じ対象の平均値や標準値などと比較することにより，体力測定参加者の体力水準を要素別または総合的に確認することができる．測定のみならず，測定値が示す相対的位置（上位か標準か下位か）を理解するためには評価も必要である．

体力の測定と評価の意義は色々認められている．例えば，過去に体力測定に参加したことがあれば，最新の測定結果と過去の測定結果を比較することにより，経年的変化を知ることができる．大きな低下が認められる場合は，改善のために測定資料が利用できる．

体力・健康づくりの準備段階で体力を測定すれば，その時点（運動前）の体力水準を把握できる．どの体力構成要素は維持することでよいのか，またどの体力構成要素は改善しなければいけないのかなどが把握できる．つまり，個別性に注意して，維持向上を目的とした体力要素に応じた運動内容や負荷の大きさなどの決定に測定資料が役に立つ．また，運動実践期間に定期的に測定を実施すれば，運動の効果の有無を確認することができる．期待する効果が得られていなければ，運動内容などを見直すために測定資料が利用できる．

また，多くの人が定期的に体力測定に参加し，その測定資料が蓄積・集約されると，年齢・性・地域別などの平均値や評価基準値の作成が可能になる．将来の 10 年後，20 年後，30 年後に目標とする体力水準を確認するための測定資料として利用できる．

なお，「新体力テスト」（文部科学省）に関しては，比較的大きな標本に基づく全国規模の体力・

運動能力調査結果が毎年公表されている．このような政府関係の統計資料は e-Stat を利用して閲覧できる．他の体力・健康づくりに関係する統計資料も確認できる〔➡調べる⑤〕．

【調べる⑤】e-Stat を利用した政府統計の資料検索について

> 体力・運動能力調査　　　　　　　　　　　　　　　　　検索

2.2 文部科学省「新体力テスト」

新体力テストは，1999 年に文部省（現在の文部科学省）が従来のテストを見直し作成した組テストである．文部省は昭和 39 年から体力・運動能力調査を実施してきたが，国民の体位の変化，スポーツ医・科学の進歩，高齢化の進展などに伴い体力テストを改訂した．60 年以上の継続した測定実施とデータの蓄積は，世界的にも他に例がない取り組みである．

新体力テストは，6 歳〜11 歳，12 歳〜19 歳，20 歳〜64 歳，65 歳〜79 歳の年齢段階別に作成されており，年齢段階によって構成するテスト項目が異なる（表 Ⅲ-2-1）．また，それぞれの年齢段階別に，項目別得点表，総合評価基準表，体力年齢判定基準表（20 歳〜64 歳対象のみ）が作成されている．同一項目による測定期間が一番長い 20 歳〜64 歳対象の測定項目は，握力，上体起こし，長座体前屈，反復横とび，急歩，20 m シャトルラン（往復持久走），立ち幅とびである．ただし，急歩と 20 m シャトルランはどちらか一方を実施する．

20 歳〜64 歳対象の新体力テストでは 6 項目の測定を実施することで体力年齢を判定することができる．実年齢と体力年齢との比較は，特に体力の低下を理解しやすいため，体力・健康づくりにおける運動実践の動機づけを高めることに効果的な指標である．

表 Ⅲ-2-1　文部科学省「新体力テスト」の年齢段階別の測定項目一覧

6 〜 11 歳	12 〜 19 歳	20 〜 64 歳	65 〜 79 歳
1. 握力	1. 握力	1. 握力	1. 握力[3]
2. 立ち幅跳び	2. 立ち幅跳び	2. 立ち幅跳び	2. 上体起こし[3]
3. 上体起こし	3. 上体起こし	3. 上体起こし	3. 長座体前屈[3]
4. 長座体前屈	4. 長座体前屈	4. 長座体前屈	4. 6 分間歩行[3]
5. 反復横跳び	5. 反復横跳び	5. 反復横跳び	5. 10m 障害物歩行[3]
6. 20 m シャトルラン	6. 20 m シャトルラン[1]	6. 20 m シャトルラン[2]	6. 開眼片足立ち[3]
7. 50 m 走	7. 50 m 走	7. 急歩[2]	7. ADL（日常生活活動）テスト
8. ソフトボール投げ	8. ハンドボール投げ		
	9. 持久走[1]		

＊1，＊2：どちらか 1 種目を選択して実施．
＊3：ADL（日常生活活動）テストの回答によって実施の可否を検討

（出村監修「健康・スポーツ科学のための動作と体力の測定法」杏林書院，p.117，2019）

2.3 行動体力における形態の測定

行動体力は，形態と機能に分けて測定し評価がなされる．形態の構成要素は，体格，身体組成，姿勢などであるが，一般的に姿勢の測定は実施されることが少ない．以下に，体格（BMI）と身体組成（体脂肪率，除脂肪量など）の測定と評価基準について示す．

① 体格（BMI）

体格の評価には，BMI（body mass index）が利用されることが多い．身長と体重を測定することにより，以下の計算式を利用して BMI を算出することができる．

$$BMI = 体重 (kg) \div 身長 (m)^2$$

BMI は，身長と体重の測定値から算出される体格，体質，肥満度あるいは栄養状態などを表す指数である．評価基準に関しては，18.5 ～ 25 が普通体重（標準範囲），18.5 未満が低体重（痩身），25 を超えると肥満（1 度～ 4 度）という基準（日本肥満学会）が示されている．また，生活習慣病の罹患リスクが最も低いことから 22 が目標値とされることもある．

体格の評価においては，肥満について注意が向けられることが多いが，BMI が 18.5 未満の痩身（痩せ過ぎ）にも注意が必要である．外観的には問題がなさそうに見えるが，運動不足や食事量不足から筋肉量が低下し，糖尿病のリスクが高まることが報告されている．

BMI による体格の評価において，身長は 20 歳頃から大きく変化しないが，体重は食習慣や運動習慣などの生活習慣に応じて大きく変化する．例えば，運動不足で体重が増えた場合と筋肉量を増やすトレーニングで体重が増えた場合，両方とも BMI が標準範囲を超えることがある．しかし，前者は脂肪量の増加，後者は筋肉量の増加によると推測される．そのため，BMI のみによる体格の評価には注意が必要である．次に説明する身体組成についても理解し，体脂肪率や除脂肪量（体重）により形態を総合的に評価することが推奨される．

その他の体格指数には，ウエスト／ヒップ比（内臓脂肪量を反映する指標で循環器系の疾患リスクと関係が高い），ローレル指数（栄養状態などを評価する）などがある．

② 身体組成（体脂肪率・除脂肪量など）

身体組成とは，文字通り身体を構成する成分の組成であり，それぞれの成分の割合や量により体力（行動体力）における形態を評価することができる．脂肪量，筋量，骨量，水分量に区分する場合，それぞれに脂質，タンパク質，ミネラル，水分の量が対応する．

体力における形態評価では，一般的には体脂肪と体脂肪を除く部分（除脂肪量または除脂肪体重）の 2 つに分ける 2 コンポーネントモデルが理解しやすい．体脂肪率が一定基準を超えると肥満と評価される．一方，レジスタンストレーニングでは除脂肪量の変化を測定し，その増減の程度からトレーニング効果の有無を検証することができる．

体脂肪量や体脂肪率は，以前は身体各部位の皮下脂肪厚をキャリパーなどで挟んで測定していたが，測定には熟練が必要であり，複数の測定部位による測定値から推定式により体脂肪率を推定していた．現在は，この方法による測定や推定式の利用は普及していない．

　最近は，生体電気インピーダンス法による身体組成計（一例；写真参照）の利用が普及している．各成分の電気抵抗の違いにより身体組成の推定が可能である．体脂肪率の他，筋肉量，骨量なども推定できる．この生体電気インピーダンス法による測定方法には，体重計のような台に裸足で乗り測定する方法が普及している．なお，グリップを素手で握る方法やグリップを握り台に乗る方法もある．インピーダンス法による測定は，身体への負担が少なく，また測定者の熟練度に左右されることもなく各自で測定できる利点がある．ただし，身体組成計の機種により測定結果が少し異なることや，体水分量の影響を受けるため，同じ測定器で同一時刻などの同一条件で定期的に測定することが推奨される．

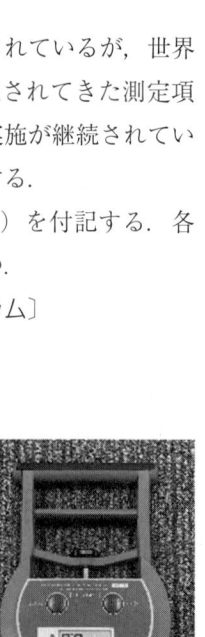

　体脂肪率の評価において，成人男性は 25%，成人女性は 30% を超えると肥満と判定される基準が示されている．他にも異なる基準が示されており，成人男性は 20% を超えると肥満とする基準もある．また，体脂肪率に応じて細かく肥満の程度を判定する場合もある．

　なお，肥満の判定基準に関して，BMI の基準は男女に共通する値が示されているが，体脂肪率の基準は男女で異なるため注意して区別しなければならない．

　体力・健康づくりにおける体力（行動体力）の形態評価においては，運動実践者の生活習慣に応じて BMI のみならず身体組成（体脂肪率や除脂肪量）による評価も必要である．

2.4　行動体力における機能の測定

　体力（行動体力）における機能を測定し評価する方法は国内外で色々考案されているが，世界的に統一された測定方法があるわけではない．国内で 60 年以上継続して実施されてきた測定項目や方法は現在国外で普及しているものもある．そのため，国内で毎年測定実施が継続されている文部科学省「新体力テスト」を構成する測定項目を中心に測定方法を紹介する．

　また，各測定項目の平均値と標準偏差（2024 年 3 月公表の速報値に基づく）を付記する．各年齢段階における平均的な水準を理解しておくと体力・健康づくりに役に立つ．

　なお，平均値と標準偏差については正しく理解しておく必要がある〔➡コラム〕

① 握力

　体力構成要素における筋力を評価するための測定項目である．握力は，握力計（スメドレー式；写真参照）を利用して測定する．握力計の握り幅は人差し指の第 2 関節がほぼ直角になるように調節する．直立姿勢で握力計を身体や衣服に触れないようにして体側に持ち全力で握る（図Ⅲ-2-1）．また，握力計は振り回さない．右左の順で左右交互に 2 回ずつ握力計を握り，各側の良い方の記録の平均値を求める（単位＝ kg）.

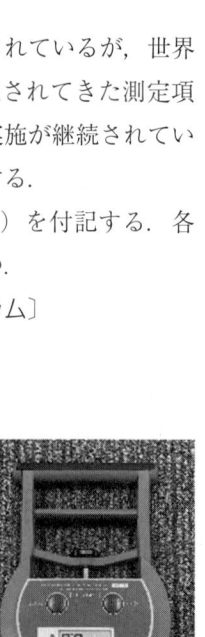

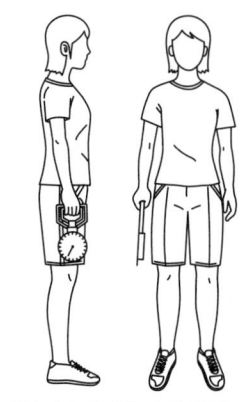

（真横からみた図）（正面図）

図 III-2-1　握力の測定

（愛知大学名古屋体育研究室編「スポーツと運動（第 2 版）」学術図書出版社，p.11，2024）

　表 III-2-2 は，握力の年齢・性別の平均値と標準偏差を示したものである．20 〜 24 歳の平均値は，男女それぞれ 44.11 kg および 26.84 kg である．平均値と標準偏差との関係〔➡コラム〕から，20 〜 24 歳では男 36.6 〜 51.6 kg・女 22.2 〜 31.5 kg の範囲内に全体の約 68% が含まれることが理解できる．その範囲より大きな値は優れた値（上位約 16%）と理解できる．

表 III-2-2　握力の年齢・性別の平均値と標準偏差　（単位＝ kg）

年齢（歳）	男性		女性	
	平均値	標準偏差	平均値	標準偏差
20-24	44.11	7.49	26.84	4.65
25-29	45.60	7.42	27.66	4.97
30-34	45.67	7.57	27.78	4.81
35-39	46.28	7.10	28.13	4.62
40-44	45.78	7.05	28.16	4.70
45-49	45.30	6.68	27.84	4.51
50-54	44.31	6.59	27.05	4.55
55-59	43.41	6.40	26.78	4.34
60-64	41.94	6.05	26.08	4.18
65-69	39.36	5.88	25.08	3.87
70-74	37.50	6.03	23.75	4.01
75-79	35.07	5.77	22.80	3.95

〔著者作表〕

② 上体起こし

　体力構成要素における筋持久力を評価するための測定項目である．上体起こしは，マット上などで両膝の角度を 90 度に保ち仰臥姿勢になり，両手を軽く握り両腕を胸の前で組んだ状態から両肘と両大腿部が接するまで上体を起こす（図 III-2-2）．補助者は両膝をおさえて下肢が動かないように固定する．できるだけ多く上体起こしを繰り返し，30 秒間の上体起こし（両肘と両大腿部が接した）回数を測定する．測定は 1 回のみとする（単位＝回）．

仰臥姿勢に戻る時には，背中（肩甲骨の部分）がマットや床などにつくまで上体を倒す（背中がついていない時は回数としない）．測定時に，他の測定参加者同士がぶつからないようにスペースを確保する．また，腰痛などがある場合は実施しない．

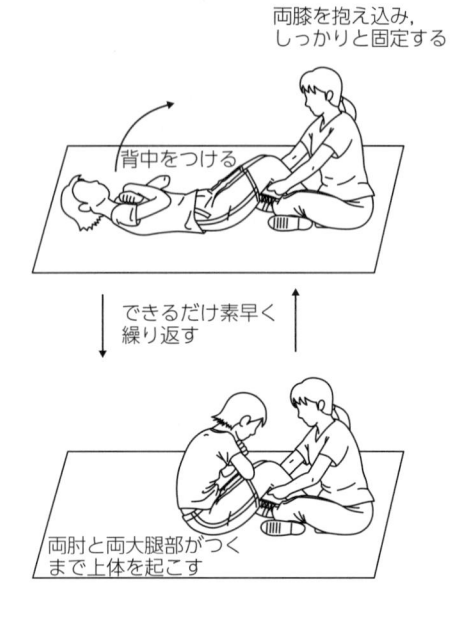

図 III-2-2　　上体起こしの測定

（愛知大学名古屋体育研究室編「スポーツと運動（第 2 版）」学術図書出版社，p.11，2024）

表 III-2-3 は，上体起こしの年齢・性別の平均値と標準偏差を示したものである．20 ～ 24 歳の平均値は，男女それぞれ 28.37 回および 21.18 回である．20 ～ 24 歳では男 22.9 ～ 33.8 回・女15.3 ～ 27.0 回の範囲内に全体の約 68% が含まれることが理解できる．

表 III-2-3　　上体起こしの年齢・性別の平均値と標準偏差（単位＝回）

年齢（歳）	男性		女性	
	平均値	標準偏差	平均値	標準偏差
20-24	28.37	5.46	21.18	5.86
25-29	28.05	5.28	20.14	5.95
30-34	26.87	5.62	18.39	5.85
35-39	25.75	5.48	17.02	5.52
40-44	23.77	5.44	16.08	5.18
45-49	22.46	5.39	15.33	5.46
50-54	21.85	5.30	14.04	5.88
55-59	20.54	5.62	13.64	5.83
60-64	19.12	5.61	12.59	5.97
65-69	16.18	6.24	10.44	5.94
70-74	14.45	6.45	8.72	6.20
75-79	12.30	6.93	7.93	6.29

〔著者作表〕

③ 長座体前屈

　体力構成要素における柔軟性を評価するための測定項目である．長座体前屈は，壁などに背中と臀部をつけ長座姿勢になり，肩幅の広さで両肘を伸ばし，移動可能な台（高さ 25 ± 1 cm で両足が伸ばせる台）の手前端に手のひらの中央付近がかかるようにする．この姿勢が初期姿勢となる．初期姿勢の状態で，ものさしなどを利用して零点を合わせる．両手を台から離さないようにして前方にゆっくりと前屈し，最大に前屈したときの台の移動距離を測定する（図 III-2-3）.

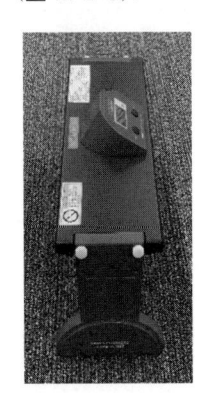

　膝が曲がらないように注意する．専用の測定機器（写真参照）を利用する場合の他に，台は A4 判コピー用紙などの箱を 2 つ利用して 40 cm 間隔で平行に置き，段ボールのような厚紙を乗せることで簡易に作成することができる．2 回測定し良い方を記録とする（単位＝ cm，1 cm 未満は切り捨てる）．初期姿勢の再現性が低いと正確に測定できない．

　表 III-2-4 は，長座体前屈の年齢・性別の平均値と標準偏差を示したものである．20 〜 24 歳の平均値は，男女それぞれ 44.57 cm および 45.21 cm である．20 〜 24 歳では男 34.4 〜 54.7 cm・女 35.9 〜 54.5 cm の範囲内に全体の約 68% が含まれることが理解できる．

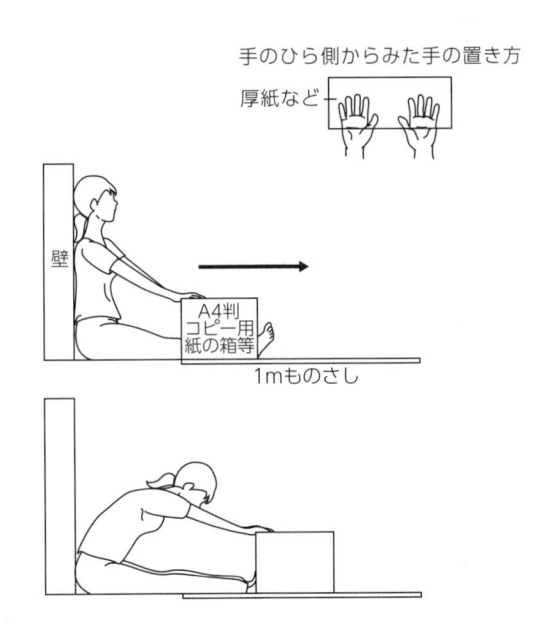

図 III-2-3　長座体前屈の測定

(愛知大学名古屋体育研究室編「スポーツと運動（第 2 版)」学術図書出版社，p.12，2024)

表 Ⅲ-2-4　長座体前屈の年齢・性別の平均値と標準偏差（単位＝cm）

年齢（歳）	男性		女性	
	平均値	標準偏差	平均値	標準偏差
20-24	44.57	10.16	45.21	9.33
25-29	43.97	10.49	44.05	9.62
30-34	42.93	10.85	43.32	9.43
35-39	41.73	10.32	42.93	9.40
40-44	40.12	10.90	40.88	9.64
45-49	38.54	10.53	41.55	9.31
50-54	38.06	9.91	40.73	9.11
55-59	37.12	10.38	41.47	8.61
60-64	36.75	10.05	41.25	8.57
65-69	35.27	10.23	40.67	8.98
70-74	33.86	10.90	39.52	8.86
75-79	33.34	10.91	38.32	8.80

〔著者作表〕

④ 反復横跳び

　体力構成要素における敏捷性を評価するための測定項目である．反復横跳びは，床に3本の平行線を1m間隔で引き，中央線をまたいで立った状態から始めの合図で右側の線を越えるか触れるまでステップし，次に中央線に戻り，さらに左側の線にステップする（図 Ⅲ-2-4）．

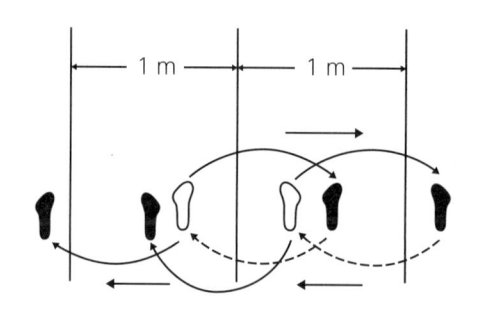

図 Ⅲ-2-4　反復横跳びの測定

（愛知大学名古屋体育研究室編「スポーツと運動（第2版）」学術図書出版社，p.12，2024）

　この動作を20秒間なるべく素早く繰り返し，それぞれのラインを通過するごとに1点を与える．外側のラインを踏まなかったまたは越えなかった時や中央ラインをまたがなかった時は点数を加えない．2回測定し良い方を記録する（単位＝点）．なお，反復横跳びの単位は，ライン通過の回数を測定しているが，減点があるため正式には点である．

　表 Ⅲ-2-5 は，反復横跳びの年齢・性別の平均値と標準偏差を示したものである．20〜24歳の平均値は，男女それぞれ55.03点および46.51点である．20〜24歳では男47.5〜62.5点・女39.7〜53.3点の範囲内に全体の約68%が含まれることが理解できる．

表 III-2-5　反復横跳びの年齢・性別の平均値と標準偏差（単位＝点）

年齢（歳）	男性		女性	
	平均値	標準偏差	平均値	標準偏差
20-24	55.03	7.50	46.51	6.78
25-29	54.50	7.27	44.96	6.95
30-34	52.51	7.26	43.55	6.52
35-39	50.55	6.99	41.70	6.26
40-44	48.21	6.93	40.62	6.35
45-49	46.86	6.62	40.38	6.01
50-54	45.36	6.71	39.30	6.09
55-59	44.08	6.21	38.26	5.71
60-64	42.07	6.47	37.12	5.98

〔著者作表〕

⑤ 立ち幅跳び

　体力構成要素における瞬発力（筋パワー）を評価するための測定項目である．立ち幅跳びは，両足を少し開き，つま先を踏み切り線に合わせて立ち，両足同時踏み切りで前方へ跳ぶ．着地した場所のうち最も踏み切り線に近い部分と踏み切り線までの距離を踏み切り線から直角になるように測定する（図 III-2-5）．2 回測定し良い方を記録する（単位＝ cm，1 cm 未満は切り捨てる）．実施上の注意として，踏み切りの際に二重踏み切りにならないように注意する．屋外の砂場で測定する場合には十分に整地する．また，屋内でマットを利用して測定する場合には着地の際にマットが移動しないようにマットをテープなどで固定する．

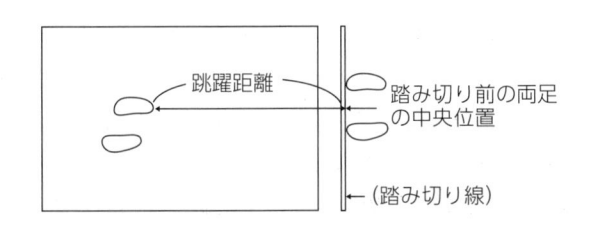

図 III-2-5　立ち幅跳びの測定

（愛知大学名古屋体育研究室編「スポーツと運動（第 2 版）」学術図書出版社，p.12，2024）

　表 III-2-6 は，立ち幅跳びの年齢・性別の平均値と標準偏差を示したものである．20 〜 24 歳の平均値は，男女それぞれ 224.57 cm および 167.28 cm である．20 〜 24 歳では男 199.4 〜 249.8 cm・女 144.4 〜 190.1 cm の範囲内に全体の約 68% が含まれることが理解できる．

表 Ⅲ-2-6　立ち幅跳びの年齢・性別の平均値と標準偏差（単位＝ cm）

年齢（歳）	男性		女性	
	平均値	標準偏差	平均値	標準偏差
20-24	224.57	25.22	167.28	22.84
25-29	221.83	23.95	163.16	23.18
30-34	215.43	23.69	158.16	22.13
35-39	211.59	23.05	153.80	21.74
40-44	202.66	22.44	149.02	21.42
45-49	196.02	22.20	146.62	21.72
50-54	190.63	22.96	139.68	22.86
55-59	183.46	22.68	135.71	21.40
60-64	174.85	22.65	129.95	22.00

〔著者作表〕

⑥ 20 m シャトルラン（往復持久走）

　20 歳〜 64 歳対象の新体力テストの測定では，20 m シャトルランか急歩のどちらかを選択する．ここでは体育館などで実施可能な 20 m シャトルランの測定方法について示す．

　体力構成要素における全身持久力を評価するための測定項目である．20 m シャトルランは，テスト専用の CD またはテープなどの音源が必要である．準備として 20 m 間隔の 2 本の平行線を床に示す．一方の線上からスタートし，一定の間隔で 1 音ずつ電子音が鳴るため，次の電子音が鳴るまでに 20 m 先の線に到達するようにする．この運動を繰り返し，電子音についていけなくなった直前の折り返し総回数を記録する．なお，電子音からの遅れが 1 回の場合，次の電子音に間に合い，遅れを解消できればテストを継続することができる．

　テスト用の電子音の間隔は，初めはゆっくりであるが，1 分ごとに間隔が短くなるようになっている．実施上の注意として，ランニングスピードのコントロールに十分注意することを測定参加者に事前に伝える．医師の治療を受けている人や実施が困難と認められる人については行わない．テスト終了後は，ゆっくりとした運動などによるクーリングダウンをする．

　表 Ⅲ-2-7 は，20 m シャトルランの年齢・性別の平均値と標準偏差を示したものである．20 〜 24 歳の平均値は，男女それぞれ 69.23 回および 37.73 回である．20 〜 24 歳では男 45.2 〜 93.3 回・女 22.1 〜 53.4 回の範囲内に全体の約 68％ が含まれることが理解できる．なお，20 m シャトルランの折り返し数から最大酸素摂取量を推定することができる〔➡調べる④（再）〕.

　その推定表から，20 〜 24 歳の最大酸素摂取量の平均値は，男女それぞれ 41.5 ml/kg/ 分（折り返し数＝ 69 回）および 34.6 ml/kg/ 分（折り返し数＝ 38 回）と推定できる．

　【調べる④】 20 m シャトルランの折り返し数から最大酸素摂取量を推定する（再）

> 20 m シャトルンラン最大酸素摂取量推定　　検索

表 III-2-7　20 m シャトルランの年齢・性別の平均値と標準偏差（単位＝回）

年齢（歳）	男性		女性	
	平均値	標準偏差	平均値	標準偏差
20-24	69.23	24.06	37.73	15.65
25-29	66.70	23.45	34.28	14.04
30-34	57.93	23.52	30.21	12.78
35-39	56.89	23.65	26.10	11.62
40-44	50.85	22.50	24.51	11.44
45-49	46.16	21.30	24.24	11.17
50-54	40.30	18.78	22.16	10.89
55-59	35.12	17.51	20.25	10.34
60-64	29.89	15.84	17.11	8.97

〔著者作表〕

　以上は，一般者の体力を測定するための主に文部科学省の新体力テストにおける測定方法と，その年齢・性別の平均値と標準偏差を示して説明してきた．競技者を対象とする体力の測定方法や各種目におけるレベルについては，独立行政法人日本スポーツ振興センターハイパフォーマンススポーツセンター監修の「フィットネスチェックハンドブック－体力測定に基づいたアスリートへの科学的支援－」に詳しく資料が掲載されている．

2.5　体力（行動体力）の評価について

　体力の評価は，目的に応じて総合的に評価する場合や体力要素別に評価する場合がある．例えば，体力のどの構成要素を改善すればよいのか不明な場合は，すべての構成要素について測定し同条件の平均値などと比較し評価する．また，改善を目的とする体力要素が決まっていれば，例えば，筋機能に関係する体力要素の評価が目的であれば，筋力（握力など），瞬発力（立ち幅跳びなど），筋持久力（上体起こしなど）を測定し評価する．

　文部科学省の「新体力テスト」を利用する場合，要素別の評価は表 III-2-8 に示す項目別得点表から得点を求めることができる．なお，この得点表における得点は，20 歳～64 歳を対象とした得点であることには注意が必要である．つまり，20 歳代は高得点になり，60 歳代は低得点になる傾向にある．6 項目の合計点から A ～ E 段階で総合評価が可能である．さらに，体力年齢判定基準表より体力年齢を判定することができ，実年齢との比較ができる．

表 Ⅲ-2-8　項目別得点表・総合評価基準表・体力年齢判定基準表〔新体力テスト（20 歳〜 64 歳）〕

項目別得点表

男子

得点	握　力	上体起こし	長座体前屈	反復横とび	急　歩	20 m シャトルラン	立ち幅とび
10	62 kg 以上	33 回以上	61 cm 以上	60 点以上	8'47" 以下	95 回以上	260 cm 以上
9	58 〜 61	30 〜 32	56 〜 60	57 〜 59	8'48" 〜 9'41"	81 〜 94	248 〜 259
8	54 〜 57	27 〜 29	51 〜 55	53 〜 56	9'42" 〜 10'33"	67 〜 80	236 〜 247
7	50 〜 53	24 〜 26	47 〜 50	49 〜 52	10'34" 〜 11'23"	54 〜 66	223 〜 235
6	47 〜 49	21 〜 23	43 〜 46	45 〜 48	11'24" 〜 12'11"	43 〜 53	210 〜 222
5	44 〜 46	18 〜 20	38 〜 42	41 〜 44	12'12" 〜 12'56"	32 〜 42	195 〜 209
4	41 〜 43	15 〜 17	33 〜 37	36 〜 40	12'57" 〜 13'40"	24 〜 31	180 〜 194
3	37 〜 40	12 〜 14	27 〜 32	31 〜 35	13'41" 〜 14'29"	18 〜 23	162 〜 179
2	32 〜 36	9 〜 11	21 〜 26	24 〜 30	14'30" 〜 15'27"	12 〜 17	143 〜 161
1	31 kg 以下	8 回以下	20 cm 以下	23 点以下	15'28" 以上	11 回以下	142 cm 以下

女子

得点	握　力	上体起こし	長座体前屈	反復横とび	急　歩	20 m シャトルラン	立ち幅とび
10	39 kg 以上	25 回以上	60 cm 以上	52 点以上	7'14" 以下	62 回以上	202 cm 以上
9	36 〜 38	23 〜 24	56 〜 59	49 〜 51	7'15" 〜 7'40"	50 〜 61	191 〜 201
8	34 〜 35	20 〜 22	52 〜 55	46 〜 48	7'41" 〜 8'06"	41 〜 49	180 〜 190
7	31 〜 33	18 〜 19	48 〜 51	43 〜 45	8'07" 〜 8'32"	32 〜 40	170 〜 179
6	29 〜 30	15 〜 17	44 〜 47	40 〜 42	8'33" 〜 8'59"	25 〜 31	158 〜 169
5	26 〜 28	12 〜 14	40 〜 43	36 〜 39	9'00" 〜 9'27"	19 〜 24	143 〜 157
4	24 〜 25	9 〜 11	36 〜 39	32 〜 35	9'28" 〜 9'59"	14 〜 18	128 〜 142
3	21 〜 23	5 〜 8	31 〜 35	27 〜 31	10'00" 〜 10'33"	10 〜 13	113 〜 127
2	19 〜 20	1 〜 4	25 〜 30	20 〜 26	10'34" 〜 11'37"	8 〜 9	98 〜 112
1	18 kg 以下	0 回	24 cm 以下	19 点以下	11'38" 以上	7 回以下	97 cm 以下

総合評価基準表

段階	20 歳〜24 歳	25 歳〜29 歳	30 歳〜34 歳	35 歳〜39 歳	40 歳〜44 歳	45 歳〜49 歳	50 歳〜54 歳	55 歳〜59 歳	60 歳〜64 歳
A	50 以上	49 以上	49 以上	48 以上	46 以上	43 以上	40 以上	37 以上	33 以上
B	44 〜 49	43 〜 48	42 〜 48	41 〜 47	39 〜 45	37 〜 42	33 〜 39	30 〜 36	26 〜 32
C	37 〜 43	36 〜 42	35 〜 41	35 〜 40	33 〜 38	30 〜 36	27 〜 32	24 〜 29	20 〜 25
D	30 〜 36	29 〜 35	28 〜 34	28 〜 34	26 〜 32	23 〜 29	21 〜 26	18 〜 23	15 〜 19
E	29 以下	28 以下	27 以下	27 以下	25 以下	22 以下	20 以下	17 以下	14 以下

体力年齢判定基準表

体力年齢	得　点	体力年齢	得　点
20 歳〜24 歳	46 以上	50 歳〜54 歳	30 〜 32
25 歳〜29 歳	43 〜 45	55 歳〜59 歳	27 〜 29
30 歳〜34 歳	40 〜 42	60 歳〜64 歳	25 〜 26
35 歳〜39 歳	38 〜 39	65 歳〜69 歳	22 〜 24
40 歳〜44 歳	36 〜 37	70 歳〜74 歳	20 〜 21
45 歳〜49 歳	33 〜 35	75 歳〜79 歳	19 以下

（文部省「新体力テスト－有意義な活用のために」文部省，p.107，2000）

　また，体力を総合的に評価する場合，項目別得点に基づき体力プロフィール図（図 Ⅲ-2-6）を作成すると視覚的に体力要素間のバランスなども確認することができる．

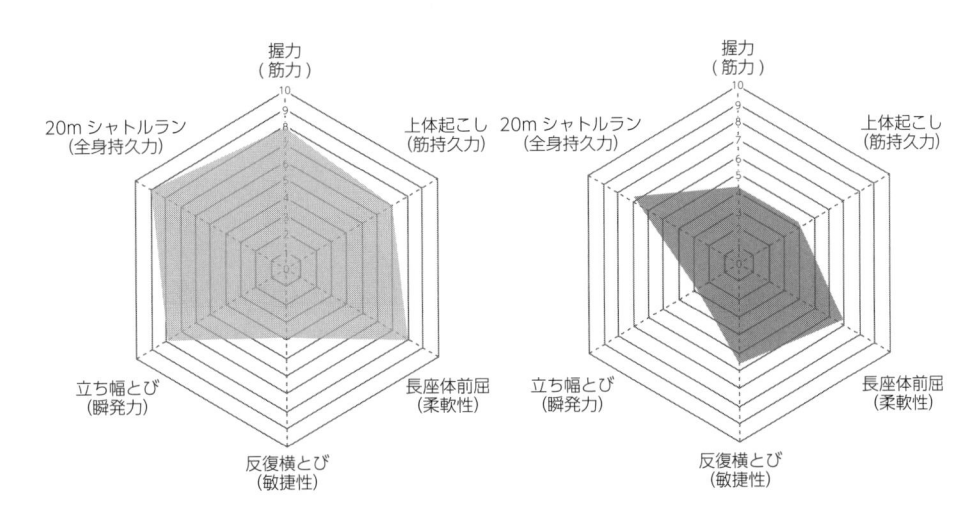

図 III-2-6　体力プロフィール図の例〔著者作図〕

　体力プロフィール図の例において，左側の体力プロフィールでは，全体的には高得点の体力要素が多いものの敏捷性の得点が他の要素に比べて低い．敏捷性のみ改善が必要である．右側の体力プロフィールでは，特に筋機能が関与する体力要素（筋力，筋持久力，瞬発力）で得点が低い．レジスタンストレーニングを中心に筋機能全般の改善が必要である．

　最後に，一連の体力（行動体力）の測定と評価の手順について要約する．

① 体力要素を決定する

　はじめに，測定し評価したい体力要素を決定する．総合的に評価したい場合は多くの体力要素が測定対象になる．また，例えば，健康関連体力についてのみ測定し評価したい場合など，対象の体力要素が限定されていれば，単一あるいは少数の体力要素のみを測定する．一部の体力要素のみを測定することで測定時の身体への負担を軽減することができる．

② 正しい測定項目を選択する

　測定対象の体力要素に対応した正しい測定項目を選択する．同じような名称でも測定する体力要素が異なる場合がある．例えば，新体力テストの測定項目の1つである 20 m シャトルランは，正式名称は 20 m シャトルラン（往復持久走）であり，全身持久力を測定するための測定項目である．一方，シャトルランの名称がついている測定項目は敏捷性を測定する項目であることがある．測定対象の体力要素や測定方法を確認しなければならない．

③ 正しい方法で測定する

　各測定項目のマニュアルなどに示されている正しい方法で測定する．異なるまたは誤った方法で測定すると，条件が異なるため基準値などと比較する場合に正しい評価ができない．例えば，上体起こしの測定では，胸の前で腕を組む方法や両手を後頭部で組む方法が普及しているが，同じ測定時間であっても回数に差が出る可能性がある．

④ 評価基準などと比較する

　得られた測定値（記録）の優劣などを評価するため評価基準などと比較する．体力測定によって得られた測定値の水準や相対的位置を正確に把握するために，年齢や性別などが同条件の対象の平均値や評価基準値などと比較して適切に評価する必要がある．

⑤ 体力要素別に評価する

　妥当性などの検討を経て考案された測定項目の測定値は対応する体力要素の優劣を代表すると考えられるため体力要素別に評価する．体力テストは要素別に複数考案されているが，すべてを測定することは現実的ではない．例えば，握力の測定では，握る力の大きさを測定していることには間違いはないが，握力の測定値は背筋力の測定値とほぼ直線的な対応関係にあることが確認されており，また他の部位の筋力とも相関関係が高い．このことから，握力の測定結果は体力を構成する筋力要素における優劣を表していると考えることができる．

＜文献・資料＞

1）愛知大学名古屋体育研究室編「スポーツと運動～健康づくりの理論と実際～（第2版）」学術図書出版社，2024.

2）出村慎一「健康・スポーツ科学のための研究方法－研究計画の立て方とデータ処理方法－」杏林書院，2007.

3）出村慎一・村瀬智彦「健康・スポーツ科学入門［改訂版］」大修館書店，2010.

4）出村慎一監修，長澤吉則・山次俊介・佐藤　進・宮口和義・野口雄慶・松浦義昌編著「健康・スポーツ科学のための動作と体力の測定法」杏林書院，2019.

5）独立行政法人日本スポーツ振興センターハイパフォーマンススポーツセンター監修，松林武生編「フィットネスチェックハンドブック－体力測定に基づいたアスリートへの科学的支援－」大修館書店，2020.

6）文部省「新体力テスト－有意義な活用のために」文部省，2000.

■コラム■「平均値と標準偏差」

　統計資料には，平均値の他に標準偏差（SD；standard deviation）が示されていることがある．この統計情報は何を示しているのであろうか．平均値は対象とする集団の中心的傾向を示す指標である．平均値を中心として平均値からプラス・マイナスの両方向に値が増減すると該当者（度数）が少なくなるのが一般的で，この左右対称の山型の度数分布を正規分布と呼ぶ．左右対称の分布であっても測定値の分布範囲（分散）は異なることがあり，個人差に応じて大きい分布と小さい分布がある．この分布の程度を示す指標が標準偏差である．

　左右対称の分布の場合，平均値±1SDの範囲内に全体の約2/3に相当する約68%の測定値が含まれる．つまり，この統計情報から平均的傾向のみならず分布の状況を理解することができる．全体の約2/3が含まれることから，例えば，体力の評価において平均値と標準偏差がわかれば，平均値±1SDの範囲の測定値を標準として評価することができる．

III-3　体力における加齢変化

　体力が年々落ちてきたと感じることがあるかもしれない．体力（行動体力）は複数の要素から構成されることから，どの要素が低下したのか，どの要素が維持されているのか．また，今後，各要素の水準をどの程度に維持すればいいのか気になるところである．例えば，身長は乳幼児期の年間の伸びが大きく，その後伸びの程度は緩やかになり，再度思春期頃から大きく伸びる．このように多くの人に共通する加齢変化が確認されている．体力・健康づくりにおける目標値などの設定のために，体力の典型的な加齢変化を理解する必要がある．

　体力・健康づくりの実践過程において参考となる体力（行動体力）の各要素別の典型的な加齢変化の傾向や成人以降高齢者に至る過程における変化の程度について確認する．

3.1　体力の加齢変化

　スキャモン（Scammon）の発育曲線は，機能や組織器官の加齢変化に典型的なパターンや個別のパターンが確認されることを考察する際に紹介されることが多い．この発育曲線は，リンパ型，神経型，一般型，生殖型に分類し，出生時から20歳までの過程における増加の程度を20歳時点の値を100％として図示したものである（図III-3-1）．

　リンパ型の曲線は，リンパ節，胸腺などの発育変化を示しており，出生後増加を続け11歳〜13歳頃に最大値を示すが，その程度が成人の2倍程度になるのが特徴である．神経型の曲線は，脳・神経系の発育変化を表すものである．出生後急激に増加し7歳頃までに成人の9割以上に到達するのが特徴である．一般型の曲線は，身長や体重などを含む多くの機能や器官の発育変化を示している．出生後に大きく増加し，その後緩やかな増加になり，再度思春期で大きく増加するが，その後は緩やかな増加で成人に至るS字型の曲線を示すのが特徴である．生殖型の曲線は，一次性徴および二次性徴を反映する発育変化を表している．乳児期にわずかな増加があるが，思春期のスパート時期から急激に増加するのが特徴である．

　以上のような典型的な発育曲線が示されているが，現在すべての機能や組織器官などの加齢変化

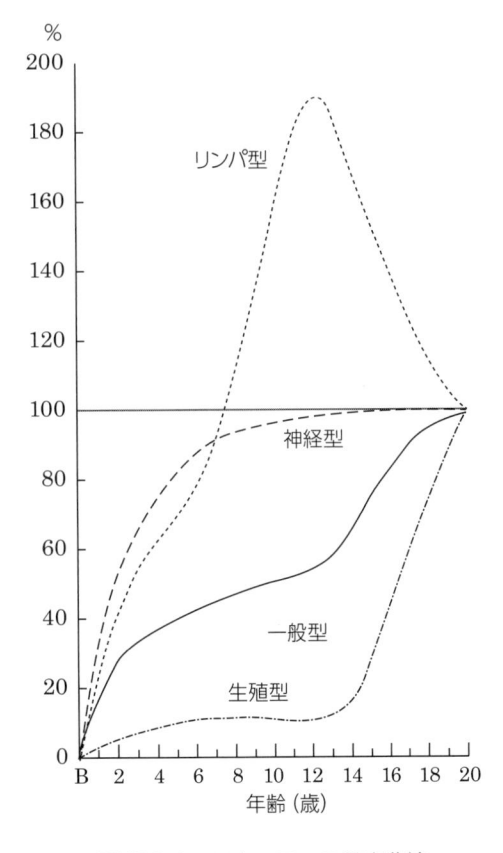

図 III-3-1　スキャモンの発育曲線
（高石・小林監訳「事典 発育・成熟・運動」
大修館書店，p.8，1995）

が4つの曲線に当てはまるわけではない．共通する典型的な加齢変化のパターンがあることや，一方では個別の機能や組織器官に応じた変化パターンがあることを理解する際に参考になる．体力も要素別に加齢変化を確認する必要がある．

　体力（行動体力）の構成要素に関しては，特に機能において，成人以降に共通して低下する加齢変化が確認できるが，要素により低下の程度は異なる場合がある．また，多くの体力要素において，男性の方が大きな値を示すが，男女差が認められない体力要素もある．体力の要素別の典型的な加齢変化，性差の有無，低下率などについて理解することは，将来の体力・健康づくりにおける体力水準の維持のための目標値の設定などで参考になる．

　さらに，各年齢段階での体力要素別の水準を明らかにすることは，体力が徐々に低下していく中高年者や高齢者が不自由を感じない生活空間の設計や労働負荷の軽減などにも役立っている．例えば，身長の高さを考慮し快適に利用できる椅子や机，また筋力低下や障害予防を考慮して各部位の筋力をアシストする機器などが開発されている．日常生活のみならず労働環境の改善においても体力の加齢変化を明らかにすることは重要な課題である．

　なお，加齢変化を理解するためには年齢別の資料（データ）が必要になる．作図に利用された資料が横断的資料なのか縦断的資料なのかについては注意が必要である〔➡コラム〕．加齢変化を確認したい期間が長期になると，多くの場合は横断的資料が利用される．

　本書では，20歳から高齢者に至るまでの40年以上の過程の加齢変化を考察するため，横断的資料（e-Statにおいて2024年3月に公表された速報値）を利用したグラフが掲載されている．同じ対象の継続した測定による縦断的資料を利用していないため注意が必要である．つまり，横断的資料であることに注意し加齢変化や低下率を理解しなければならない．

　グラフには具体的な数値は示されていないが，前節「体力の測定と評価」で平均値と標準偏差を確認できる．また，最新のデータはe-Statで調べることができる〔➡調べる⑤（再）〕．

【調べる⑤】e-Stat を利用した政府統計の資料検索について（再）

| 体力・運動能力調査 | 検索 |

3.2　形態における加齢変化と性差

　体力（行動体力）を構成する形態に関しては，身長と体重の年齢・性別の平均値から加齢変化と性差を考察する（作図にはe-Stat掲載2024年3月公表の速報値を利用）．

① 身長

　身長は，発育発達期における基本的な成長の程度を代表する指標である．身長と体重などの他の指標と比率を求め，体格などの加齢変化を確認することもできる．

　図Ⅲ-3-2（上下）に，身長の6歳から79歳までの年齢・性別の平均値を示した．19歳以下の年齢段階では加齢の伴い平均身長が大きくなる．また，12歳頃から男の平均値が大きくなり性差が明確になる傾向が認められる．20歳〜24歳の身長の平均値は，男172 cm・女158 cmであ

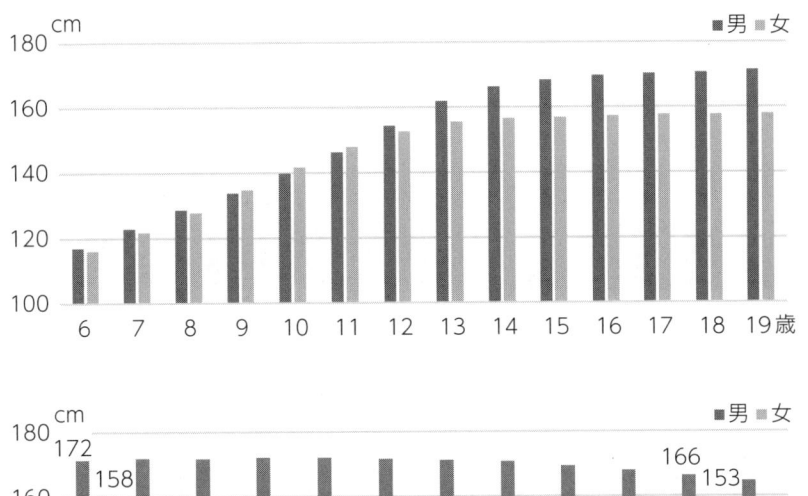

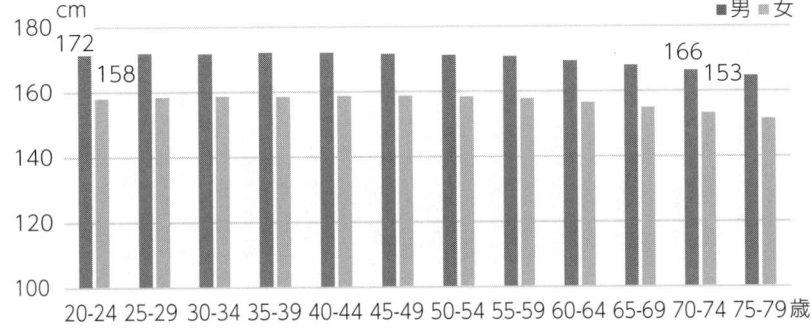

図 III-3-2　身長の年齢・性別の平均値（上：6歳〜19歳，下：20歳〜79歳）〔著者作図〕

り男女で 14 cm 程度の差がある．20 歳以降の身長の平均値は少しずつ小さくなる傾向が認められる．縦断的資料を利用した報告では，70 歳までに男 3 cm・女 5 cm 程度身長が小さくなるという報告がある．横断的資料で作図した図 III-3-2 では，20 歳〜24 歳と 70 歳〜74 歳の身長差は男 6 cm・女 5 cm 程度である．横断的資料によるためか男性の差が少し異なる．身長変化の原因には，筋力低下や骨の変形による姿勢の変化や体水分の減少などが考えられる．

② 体重

　体重は，発育発達期では加齢とともに共通して大きくなるが，成人以降は環境の影響を大きく受け増減し個人差が大きい．体重の変化から栄養摂取状況や健康状態を把握できる．

　図 III-3-3（上下）に，体重の 6 歳から 79 歳までの年齢・性別の平均値を示した．19 歳以下の年齢段階では加齢の伴い平均体重が大きくなる．身長と同様に 12 歳頃から男の平均値が大きくなり性差が明確になる傾向が認められる．20 歳〜24 歳の体重の平均値は，男 65 kg・女 51 kg であり男女で 14 kg 程度の差がある．20 歳以降の体重の平均値の差は小さいが，20 歳以降も体重は緩やかに増加し，その後低下するため，20 歳〜24 歳と 70 歳〜74 歳（男 64 kg・女 51 kg）の体重には大差はない．体重の増減の背景には，運動習慣（運動不足など），食習慣（過剰摂取など），代謝異常などの症状による病気など様々な原因が考えられる．

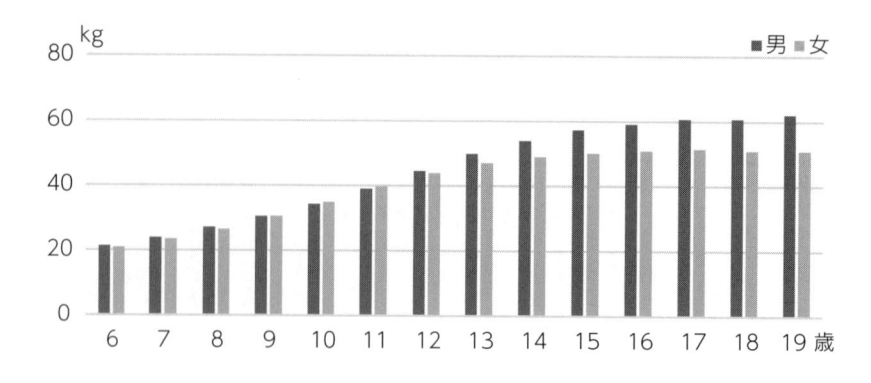

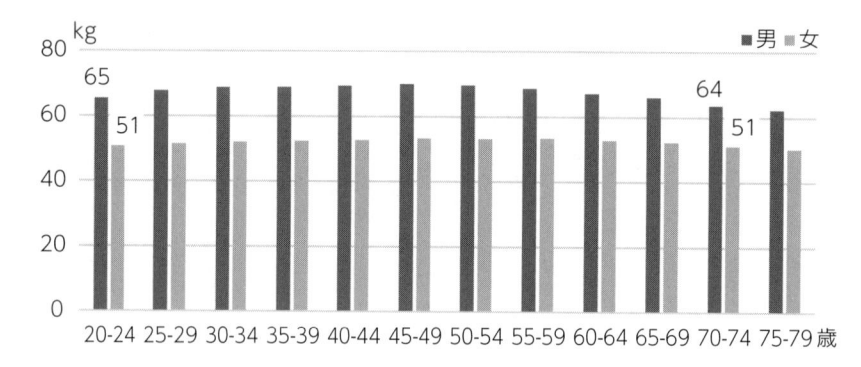

図 Ⅲ-3-3　体重の年齢・性別の平均値（上：6歳〜19歳，下：20歳〜79歳）〔著者作図〕

3.3　機能における加齢変化と性差

　体力（行動体力）を構成する機能に関しては，筋力（握力；以下カッコ内は測定項目），筋持久力（上体起こし），柔軟性（長座体前屈），敏捷性（反復横跳び），瞬発力（立ち幅跳び），全身持久力（20 m シャトルラン（往復持久走））の年齢・性別の平均値から加齢変化を考察する（各グラフの作図には e-Stat 掲載 2024 年 3 月公表の速報値を利用）．

① 筋力

　筋力は，握力，背筋力，脚筋力などで測定し評価されるが，握力は他の部位の筋力と相関関係が高い．ここでは握力の年齢・性別の平均値（図 Ⅲ-3-4）から加齢変化を考察する．

　20 歳〜24 歳の握力の平均値は，男 44 kg・女 27 kg であり約 17 kg の差がある．この差の程度は，その後の年齢段階においても大きく変わらない．20 歳以降の握力の平均値は 40 歳代まで 20 歳〜24 歳の平均値を上回る傾向が認められ，その後平均値が小さくなる．20 歳〜24 歳以降の平均値の方が大きくなるケースは珍しく，筋力独自の加齢変化パターンである．

　20 歳〜24 歳の平均値を基準にした年齢・性別の低下率から（図 Ⅲ-3-5），筋力に関しては 20 歳以降 40 歳代まで低下が認められない．高齢者になる直前の 60 歳〜64 歳では，男 95%・女 95% であり高い水準を維持している．75 歳〜79 歳では，男 80%・女 83% で，この間の低下率は 20% 程度であり，加齢に伴う低下率は比較的小さい．また，低下率には大きな性差は認められない．なお，他の部位の筋力に関しては傾向が異なるという報告が認められる．

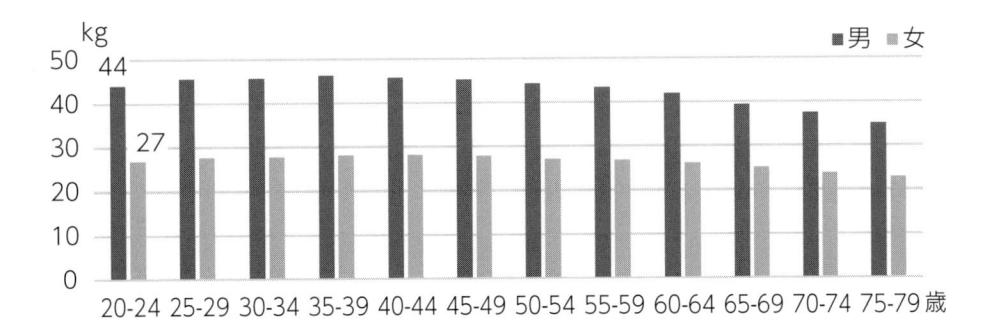

図 III-3-4　握力の年齢・性別の平均値（単位＝ kg）〔著者作図〕

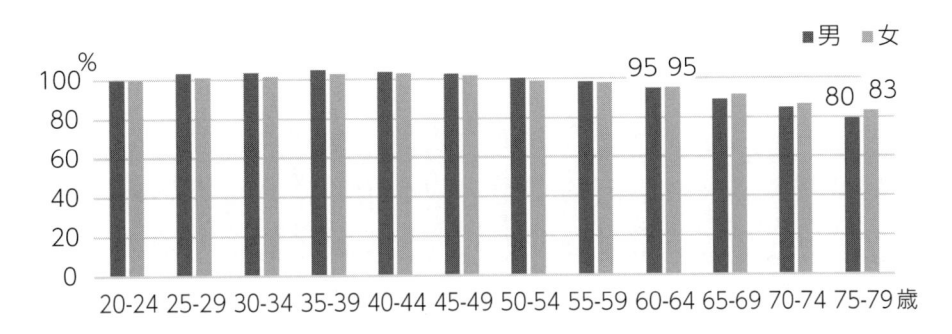

図 III-3-5　20 ～ 24 歳を基準にした握力の年齢・性別の低下率（単位＝%）〔著者作図〕

② 筋持久力

　筋持久力は，上体起こしの他，腕立伏臥腕屈伸や懸垂などで測定し評価されるが，ここでは上体起こしの年齢・性別の平均値（図 III-3-6）から加齢変化を考察する．

　20 歳～ 24 歳の上体起こしの平均値は，男 28 回・女 21 回であり 7 回の差がある．この差の程度は，その後の年齢段階において小さくなる．20 歳以降の上体起こしの平均値は年々小さくなる傾向にあり，このような 20 歳以降に平均値が徐々に小さくなるケースは，典型的な加齢に伴う機能低下傾向を示すパターンであるが，他と比べ低下の程度が大きい．

　20 歳～ 24 歳の平均値を基準にした年齢・性別の低下率から（図 III-3-7），筋持久力に関しては高齢者になる直前の 60 歳～ 64 歳では，男 67%・女 59%，75 歳～ 79 歳では，男 43%・女37% で，この間の低下率は 60% 程度である．筋持久力の加齢変化の割合における特徴は，加齢に伴う低下率が他の体力要素よりも大きいことである．また，筋持久力の加齢に伴う低下率には，性差が認められ，多くの年齢段階において女性の低下率の方が大きい．

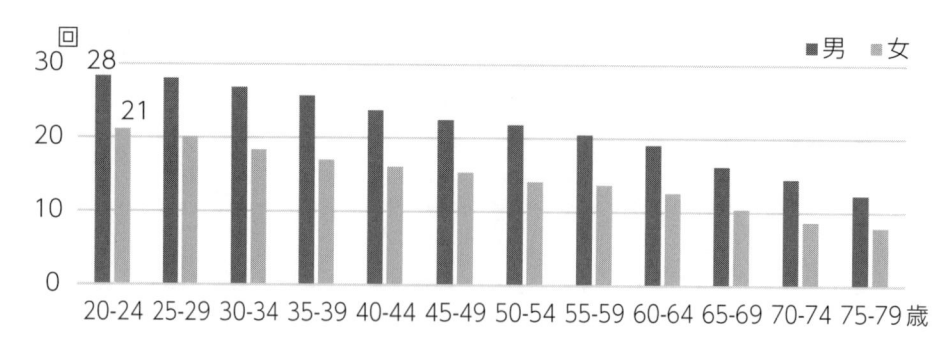

図 III-3-6　上体起こしの年齢・性別の平均値（単位＝回）〔著者作図〕

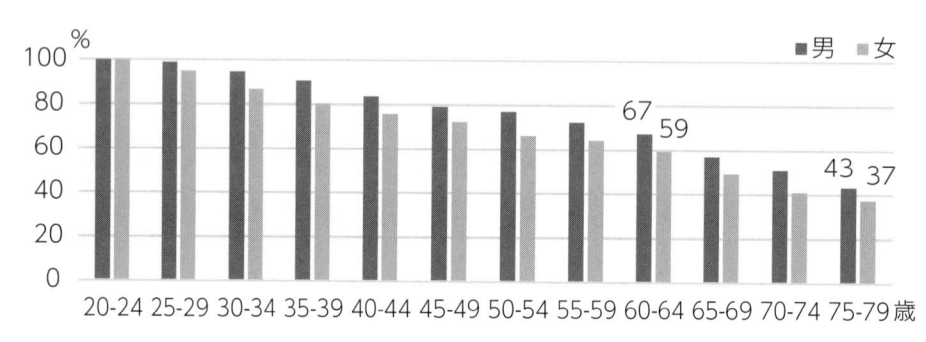

図 III-3-7　20 〜 24 歳を基準にした上体起こしの年齢・性別の低下率（単位＝％）〔著者作図〕

③ 柔軟性

　柔軟性は，立位あるいは長座位の体前屈や上体そらしなどで測定し評価されるが，ここでは長座体前屈の年齢・性別の平均値（図 III-3-8）から加齢変化を考察する．

　20 歳〜 24 歳の長座体前屈の平均値は，男 45.3 cm・女 45.8 cm であり男女間で大差はない．しかし，その後の年齢段階において男性の平均値の方が小さくなる．20 歳以降の長座体前屈の平均値は年々小さくなる傾向にあり，典型的な加齢に伴う機能低下傾向を示すパターンであるが，女性の平均値の方が大きく徐々に性差が拡大するのは柔軟性のみである．

　20 歳〜 24 歳の平均値を基準にした年齢・性別の低下率から（図 III-3-9），柔軟性に関しては高齢者になる直前の 60 歳〜 64 歳では，男 82%・女 91%，75 歳〜 79 歳では，男 75%・女 85% で，この間の低下率は 15% 〜 25% 程度である．柔軟性の加齢変化の割合の特徴は，低下率は大きくないものの，低下の程度に性差が認められ男性は女性よりも 10% 程度低下率が大きいことである．柔軟性に関して，男女で同程度の水準を維持するためには，特に男性においてはストレッチングなどの柔軟体操の時間を十分に確保する必要がある．

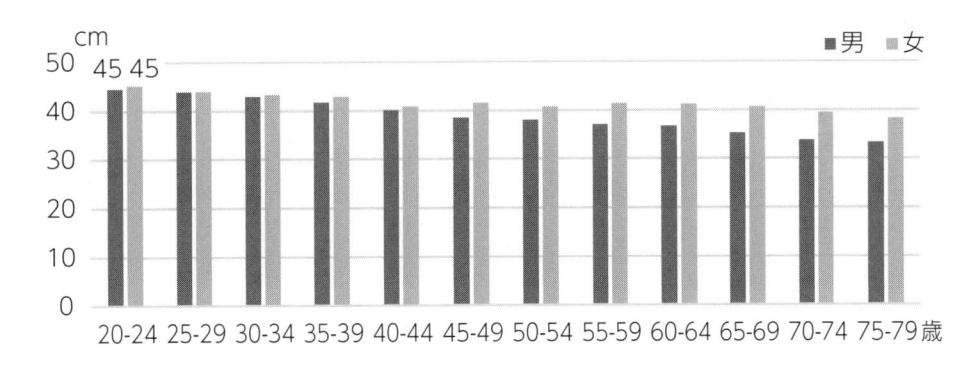

図 III-3-8　長座体前屈の年齢・性別の平均値（単位＝ cm）〔著者作図〕

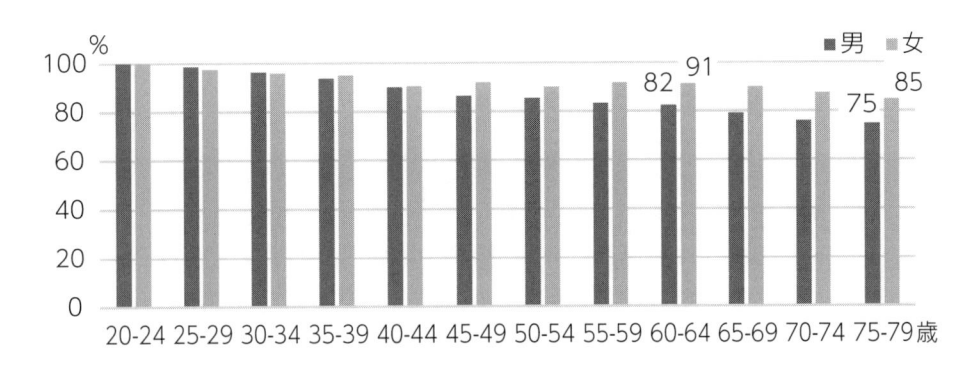

図 III-3-9　20 ～ 24 歳を基準にした長座体前屈の年齢・性別の低下率（単位＝％）〔著者作図〕

④ 敏捷性

　敏捷性は，反復横跳びの他に，折り返し走や全身反応時間などで測定し評価されるが，ここでは反復横跳びの年齢・性別の平均値（図 III-3-10）から加齢変化を考察する.

　20 歳～ 24 歳の反復横跳びの平均値は，男 55 点・女 47 点であり 8 点程度の差がある. その後の年齢段階において性差が小さくなる傾向にある. 20 歳以降の反復横跳びの平均値は年々小さくなる傾向にあり，典型的な加齢に伴う機能低下傾向を示すパターンであるが，徐々に性差が縮小する傾向が確認できるのは他とは異なるパターンである.

　20 歳～ 24 歳の平均値を基準にした低下率から（図 III-3-11），敏捷性に関しては，高齢者になる直前の 60 歳～ 64 歳では，男 76%・女 80% であり，この間の低下率は 20% を超える程度である. 敏捷性の加齢に伴う低下率を観察すると，20 歳以降の 30 歳代までは女性の低下率の方が大きい傾向が確認できるが，一方 40 歳後半以降からは男性の低下率の方が大きい傾向が確認できる. このような男女で逆転する傾向は他の要素では確認できない.

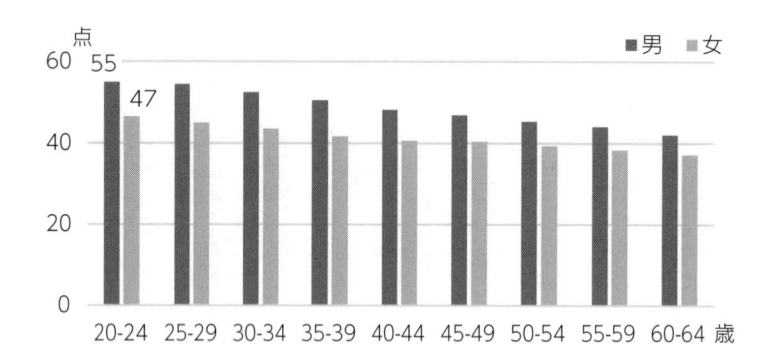

図 III-3-10　反復横とびの年齢・性別の平均値（単位＝点）〔著者作図〕

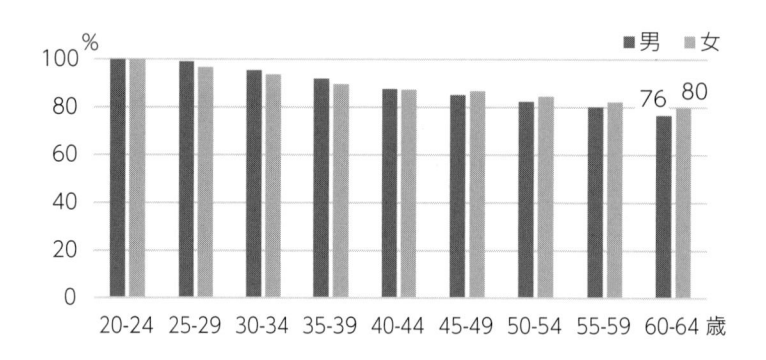

図 III-3-11　20 〜 24 歳を基準にした反復横跳びの年齢・性別の低下率（単位＝％）〔著者作図〕

⑤ 瞬発力

　瞬発力は，立ち幅跳びの他に，垂直跳びやボール投げなどで測定し評価されるが，ここでは立ち幅跳びの年齢・性別の平均値（図 III-3-12）から加齢変化を考察する．

　20 歳〜 24 歳の立ち幅跳びの平均値は，男 225 cm・女 167 cm であり約 58 cm の差がある．その後の年齢段階において同程度の性差が維持される傾向にある．20 歳以降の立ち幅跳びの平均値は年々小さくなる傾向にあり，典型的な加齢に伴う機能低下傾向を示すパターンである．筋機能が関係する筋力や筋持久力と同様に，瞬発力の加齢変化においても性差は大きい．

　20 歳〜 24 歳の平均値を基準にした年齢・性別の低下率から（図 III-3-13），瞬発力に関しては，高齢者になる直前の 60 歳〜 64 歳では，男 78%・女 78% で同程度であり，この間の低下率は 20% を超える程度である．瞬発力の加齢変化において性差は大きいが，低下の程度は，どの年齢段階においても同程度であり，性差が認められないのが特徴である．

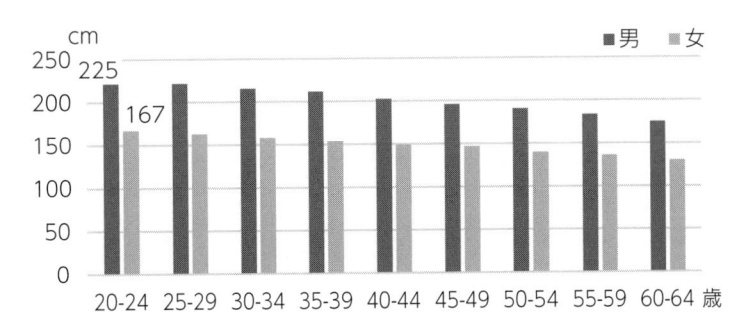

図 III-3-12　立ち幅跳びの年齢・性別の平均値（単位＝cm）〔著者作図〕

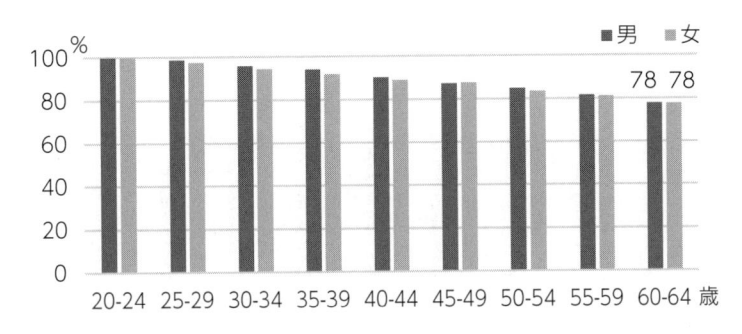

図 III-3-13　20 〜 24 歳を基準にした立ち幅跳びの年齢・性別の低下率（単位＝%）〔著者作図〕

⑥ 全身持久力

　全身持久力は，20 m シャトルラン（往復持久走）の他に，持久走などで測定し評価されるが，ここでは 20 m シャトルランの年齢・性別の平均値（図 III-3-14）から加齢変化を考察する.

　20 歳〜 24 歳の 20 m シャトルランの折り返し数の平均値は，男 69 回・女 38 回であり差は約31 回である．その後の年齢段階において性差が小さくなる傾向にある．20 歳以降の 20 m シャトルランの平均値は年々小さくなる傾向にあり，典型的な加齢に伴う機能低下傾向を示すパターンである．全身持久力の加齢変化における性差は大きいことが確認できる.

　20 歳〜 24 歳の平均値を基準にした年齢・性別の低下率から（図 III-3-15），全身持久力に関しては，高齢者になる直前の 60 歳〜 64 歳では，男 43%・女 45% であり，この間の低下率は 50%を超える．全身持久力の加齢変化において男女間で折り返し回数の差は大きいが，低下の程度に関しては，各年齢段階において大きな性差が認められないのが特徴である.

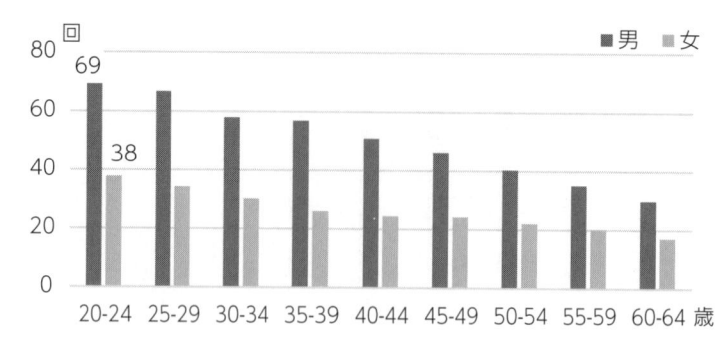

図 III-3-14　20 m シャトルランの年齢・性別の平均値（単位＝回）〔著者作図〕

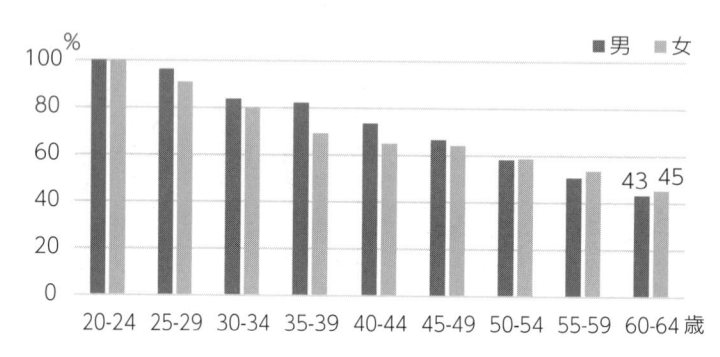

図 III-3-15　20 〜 24 歳を基準にした 20 m シャトルランの年齢・性別の低下率（単位＝%）〔著者作図〕

＜文献・資料＞

1）出村慎一「健康・スポーツ科学における身体の発育発達に関する研究法」三恵社，2022.

2）松浦義行「統計的発育発達学」不昧堂出版，2002.

3）松浦義行「身体的発育発達論序説」不昧堂出版，2005.

4）首都大学東京体力標準値研究会編著「新・日本人の体力標準値II」不昧堂出版，2007.

5）高石昌弘・小林寛道監訳「事典 発育・成熟・運動」大修館書店，1995.

■コラム■「横断的資料と縦断的資料」

　横断的資料とは，同時期に年齢などの条件が異なる対象ごとに収集された資料である．収集時期が同じであるため，例えば，体力測定結果などへの測定年代の要因の関与は同等と考えることができる．短期間で多くの資料を収集できる点が横断的資料の利点である．

　縦断的資料とは，同じ対象について 1 年ごとなど定期的に継続して測定し収集された資料である．例えば，体力の加齢変化を明らかにしたい場合には適した資料であるが，40 年間の加齢変化の解明には 40 年間資料を収集し続ける必要がある．資料収集期間が長期になると測定対象者の脱落が生じる．測定時期などの年代要因を反映した資料である．

Ⅳ　健　康

Ⅳ-1　健康とは

　　自分の健康のみならず，家族や友人の健康状態が良好であることは皆が望むところである．
そのため，健康については，体力と同様に日々の会話において話題になる．しかし，良好な
健康状態を維持することは簡単ではない．自分がやりたいことを計画通りにできるように，
家族の病気を予防するために，友人とともに楽しい時間を長く過ごすために，健康状態を良
好に保つ努力が必要になる．健康の捉え方や我々の健康状態について理解が必要である．
　　体力・健康づくりにおける1つの重要なキーワードである「健康」について，共通理解を
深めるため，健康の考え方と健康水準・状態の現状について確認する．

1.1　健康とは

　健康の定義は，古くから数多く確認されているが定義など捉え方には変化が認められる．つ
まり，初期は主に身体面の条件から定義されていたが，その後，より多面的に理解するように
なってきている．世界的に広く知られている 1964 年に制定された世界保健機関（WHO；World
Health Organization）憲章における定義では，身体的，精神的，社会的の 3 側面から健康を定義
している．現在は，さらに他の側面を加えて健康を捉えようとする考え方もある．
　　また，多くの定義が身体的な病気や障害の有無に基づくものであるが，病気や障害の有無では
なく，外部環境への適応状態から健康を定義しようとする考え方もある．
　　以下に，一般的な捉え方，世界的に知られている WHO の定義，また病気や障害の有無ではな
く外部環境への適応状態から健康を捉えようとする考え方を紹介する．

① 一般的な健康

　一般に，健康とは何かと問うと，様々な回答があるのではないであろうか．図 Ⅳ-1-1 は，厚
生労働省「健康意識に関する調査結果」における健康観に関するグラフである．
　　健康観を判断する際に重視する上位の回答は「病気がないこと」「美味しく飲食できること」「身
体が丈夫なこと」「ぐっすりと眠れること」「不安や悩みがないこと」であった．身体的・精神的
な状況が健康を理解する際に重要視されている．その他には「家族円満であること」「人間関係
がうまくいくこと」といった人との関わりや「前向きに生きられること」「生きがいを感じること」
といった生き方に関することも健康状態の理解の条件になっている．
　　このように，調査結果の上位の回答も参考にすると，一般的な健康は，身体的側面と精神的側

面から捉えられ「健康とは，身体的・精神的な異常の有無からみた病気でない状態である」と理解することができる．また，人との関わりについては，次に示す WHO の定義に含まれる側面である．さらに，生き方については健康を理解する際の比較的新しい観点である．

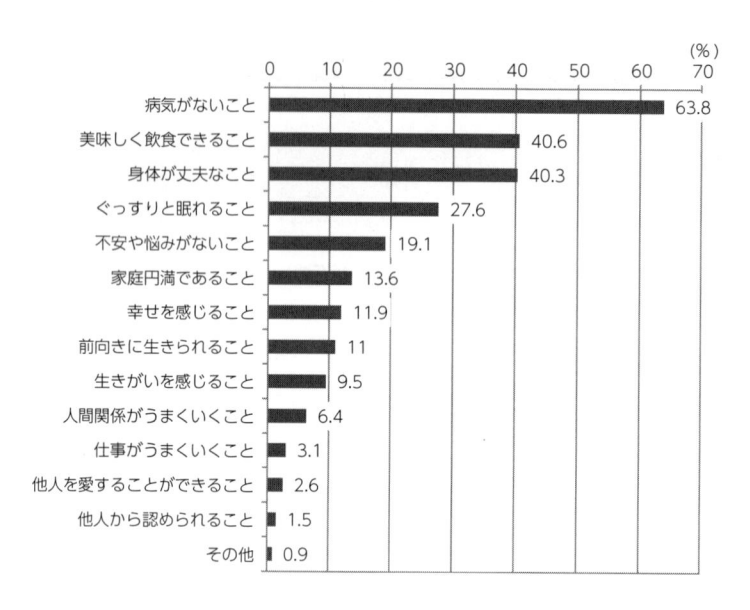

図 Ⅳ-1-1　健康観を判断する際に重視される事項（厚生労働省「健康意識に関する調査」
https://www.mhlw.go.jp/stf/houdou/0000052548.html，2014)

② WHO の健康

　WHO の健康の定義として「健康とは，身体的，精神的，社会的に完全に良好な状態であり，単に病気あるいは虚弱でないことではない」(Health is a state of complete physical, mental and social well-being and not merely the absence of disease or infirmity) が広く知られている．日本語訳は複数認められ，日本 WHO 協会の訳は「健康とは，病気でないとか，弱っていないということではなく，肉体的にも，精神的にも，そして社会的にも，すべてが満たされた状態にあること」とされている．社会的側面が条件として含まれていることが特徴であるが，従来から「家族円満であること」「人間関係がうまくいくこと」といった人との関わりも条件としていることは今日でも通用する考え方である．いずれの定義からも完全に良好な状態あるいはすべてが満たされた状態であることが条件であり，WHO の健康が示す状態とは，世界の国々の人々が目指すべき理想的な状態であると理解できる．

　なお，以前（1998 年）WHO では「spiritual（霊的）」と「dynamic（動的）」を加えた新しい健康の定義が検討された．審議した結果，採択は見送られたが，現代社会の状況に応じて新たな側面を加えて健康を捉えようとする考え方は他にも認められる．

③ 病気を基準としない定義

　様々な定義の中に「健康とは，環境に適応し，かつその人の能力が十分に発揮できるような状態である」（池上晴夫）という定義が示されている．この定義には「病気」という用語が使われ

ていない．健康の一般的な捉え方や WHO の定義に基づくと，身体的あるいは精神的な異常がある場合は健康な状態とは言えない．つまり，健康診断で何らかの病気や症状が確認されると健康ではなくなる．また，加齢に伴い有病率は高くなるため，このような定義に基づくと，健康と言える人は歳を重ねるにつれて年々減っていくことは確実であり，体力づくりや健康づくりを進めても健康と言える状態が目標ではなくなるかもしれない．

我々の周りには，病気として扱われる障害がある人や薬を飲みながら日常生活を送っている人がいる．しかし，社会の中では与えられた役割を十分に果たし精神的なストレスや不安もなく過ごしている人も多いのではないであろうか．人は，色々な条件のもと恒常性を保つため内部環境と外部環境のバランスをとっている．病気や障害を条件とするのではなく環境に適応し役割を果たすことができていれば，健康な状態と言えるのではないであろうか．

以上の通り，健康の捉え方や理解の仕方は様々である．健康をどう捉えるのかは個人で違いはあるかもしれないが，図 IV-1-1 にも示されているように「前向きに生きられること」「生きがいを感じること」といった生き方に関することも健康かどうかを判断する条件として重要視されるようになってきている．今後は，前向きな生き方を実現し生きがいを感じられるような状態についても側面として含め，より広く健康を捉えることができるであろう．

1.2　健康水準や健康状態

我々の健康水準や健康状態を知る指標がいくつかある．現状の健康水準や状態を知ることにより，今後の体力・健康づくりにおける目標が明確になる．代表的な指標や健康状態を良好に保つために予防が必要な病気などの発症割合などから健康水準や健康状態を確認する．

① 平均寿命と健康寿命

平均してあと何年生きられるのかを平均余命と呼び，0 歳の平均余命が平均寿命と呼ばれる．平均寿命が長いことは年齢別死亡率が低いことに対応しており，健康水準を知る指標の 1 つである．平均寿命は，厚生労働省は男女別，WHO は男女まとめて，定期的に公表されているが，いずれも日本人の平均寿命は世界的にトップクラスにある．

表 IV-1-1 に，厚生労働省発表の平均寿命の年次推移の表を示した．令和 4（2022）年の日本人の平均寿命は，男 81.05 歳（世界第 4 位）・女 87.09 歳（世界第 1 位）であった．女性の方が男性よりも約 6 歳平均寿命は長い．年次推移表から，昭和 22（1947）年と比較すると 30 歳以上も平均寿命が延びたことが確認できる．平均寿命の延伸には，乳児死亡率の低下や高齢者の死亡率の改善が背景にあると推測される．日本人の平均寿命から健康状態は良好であると理解できる．人生 100 年を迎えるという将来の目標が現実的なものになりつつある．

表 IV-1-1 平均寿命の年次推移

(単位：年)

和暦	男	女	男女差
昭和 22 年	50.06	53.96	3.90
25-27	59.57	62.97	3.40
30	63.60	67.75	4.15
35	65.32	70.19	4.87
40	67.74	72.92	5.18
45	69.31	74.66	5.35
50	71.73	76.89	5.16
55	73.35	78.76	5.41
60	74.78	80.48	5.70
平成 2	75.92	81.90	5.98
7	76.38	82.85	6.47
12	77.72	84.60	6.88
17	78.56	85.52	6.96
22	79.55	86.30	6.75
27	80.75	86.99	6.24
令和 2	81.56	87.71	6.15
3	81.47	87.57	6.10
4	81.05	87.09	6.03

注 1) 令和 2 年以前は完全生命表による.
注 2) 昭和 45 年以前は沖縄県を除く値である.
(厚生労働省「令和 4 年簡易生命表の概況」https://www.mhlw.go.jp/toukei/saikin/hw/life/life22/, 2023)

寿命に関しては，他に健康寿命という指標がある．健康寿命は健康で暮らすことができる期間，つまり健康上の問題で日常生活に制限のない期間である．日本は健康寿命に関しても世界的にトップクラスにあり，WHO が発表した 2019 年の世界の健康寿命の資料では 74.1 歳（男女；世界第 1 位）であった．平均寿命の延伸に伴い，生活の質に関しても関心が高まってきた．平均寿命と健康寿命との差（日常生活に制限のある期間）を短くすることが課題である．現時点では，日本の平均寿命と健康寿命の差は世界的にトップクラスではない．

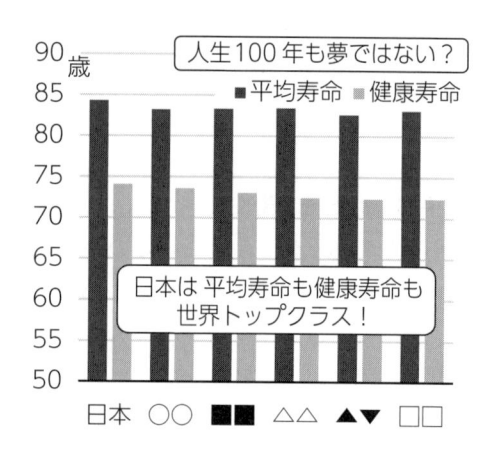

② 生活習慣病

平均寿命や健康寿命は世界的にトップクラスにあるが．一方，日本では生活習慣病の罹患者が増加している．生活習慣病の罹患状況は健康状態を表す健康指標の 1 つである．

生活習慣病とは，先天的な要因と年齢に加えて，運動，食事，休養・睡眠，飲酒・喫煙などの生活習慣や環境要因が，その発症・進行に深く関与する疾患の総称である．

代表的な生活習慣病は，がん，虚血性心疾患，脳血管疾患，高血圧症，脂質異常症，糖尿病，腎臓病，歯周病である．他の生活習慣をコントロールすることも必要であるが，運動習慣を正し運動不足を解消することにより生活習慣病の罹患の割合を小さくすることができる．

　生活習慣病の医療費の総医療費に占める割合は約3割，総死亡者数の約5割が生活習慣病による死亡者であることが報告されている．生活習慣病の多くにメタボリックシンドロームが関係しており，現代人において体重（体脂肪量）管理と運動不足の解消が課題である．

生活習慣病の国民医療費に占める割合

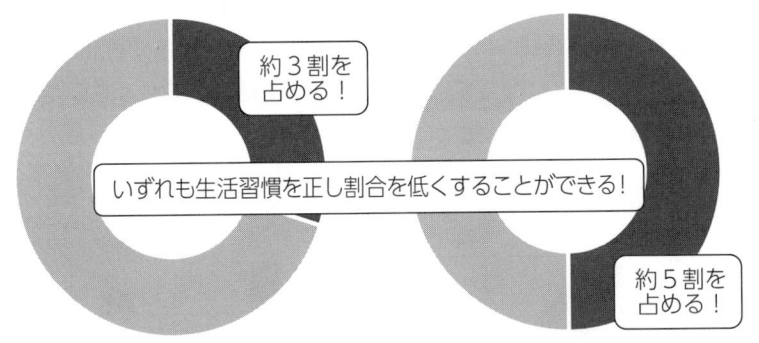

約3割を
占める！

いずれも生活習慣を正し割合を低くすることができる！

約5割を
占める！

生活習慣病による死亡者数の割合

③ メタボリックシンドローム

　メタボリックシンドロームは，内臓脂肪の過剰な蓄積に加えて，高血圧，高血糖（糖尿病），脂質異常の症状が認められる状態である．進行すると動脈硬化を原因とする心疾患や脳血管疾患などの生活習慣病を発症する．発症原因は，運動習慣（運動不足），食習慣（偏った食事），過度の飲酒，喫煙，ストレスの蓄積など好ましくない生活習慣である．ストレスと喫煙は高血圧症に直接悪影響を及ぼす．運動不足を解消することが重要であるが，偏った食事（特に脂質・糖質・塩分の多い食事）の取りすぎにも注意しなければならない．

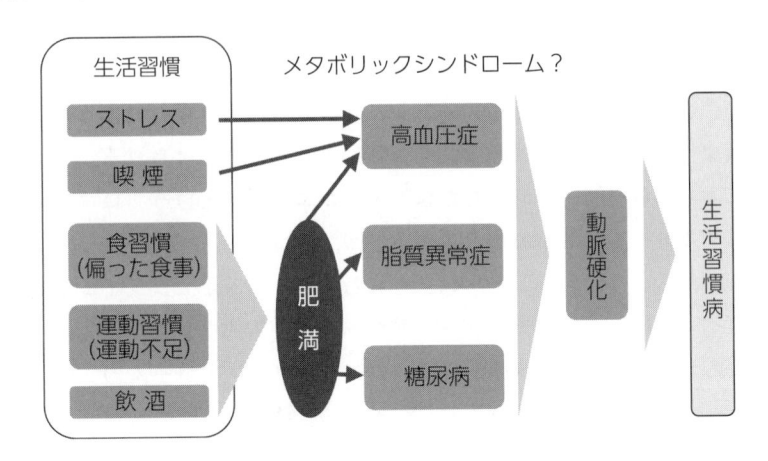

　国内外でメタボリックシンドロームの判定基準は異なる．国内では，腹囲が男性85 cm以上・女性90 cm以上に加えて，血圧（収縮期血圧値・拡張期血圧値），血糖（ヘモグロビンA1c値，空腹時血糖値），血中脂質（HDLコレステロール値，中性脂肪値）の判定結果（服薬条件あり）が加味される．3つの項目のうち，2つ以上該当する場合と1つ該当する場合に，それぞれ該当者（強く疑われる者）または予備群（予備群と考えられる者）と診断される．なお，メタボリックシンドロームの診断基準と特定保健指導の診断基準は少し異なる．

　国民健康・栄養調査（令和元年）の調査結果から，メタボリックシンドローム（内臓脂肪症候群）が強く疑われる者は，総数で 17.8%，予備群と考えられる者 14.1% であり，両者の合計は 31.9% であった．10 人に 3 人以上の割合であるが割合には性差がある．男女別の割合は，強く疑われる者男 28.2%・女 10.3%，予備群と考えられる者男 23.8%・女 7.2% であり，両者の合計は男 52.0%・女 17.5% であった．また，加齢に伴い強く疑われる者の割合は増加し，70 歳以上では，メタボリックシンドローム（内臓脂肪症候群）が強く疑われる者のみで男 26.1%・女 16.8% であった．メタボリックシンドロームに関しては，男性が特に予防策を講じる必要があるが，男女とも加齢に伴い割合が増加することにも注意が必要である．

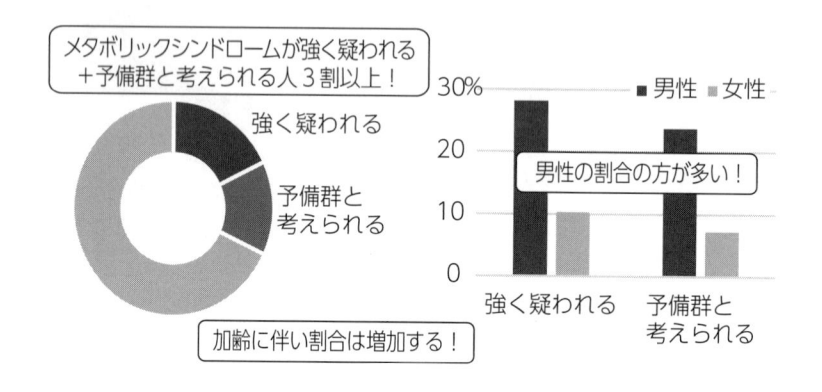

④ ロコモティブシンドロームとフレイル

　ロコモティブシンドロームは，加齢による骨密度，筋量，筋力，バランス能力などの低下により運動器の障害が生じ転倒や骨折しやすくなることで，日常生活での自立度が低下し要介護の危険性が高い状態である．フレイルは，高齢期に心身の活力が低下することでストレスに対する抵抗力が弱まり，生活機能障害，要介護状態，死亡等の転機に陥りやすい状態である．身体的フレイルの他，認知機能低下などによる精神的フレイル，ひきこもりなどによる社会的フレイルに区別される．健康な状態と要介護状態の中間的な状態として位置づけられる．

　また，加齢により筋量や筋力が低下した状態をサルコペニアと言う．ロコモティブシンドローム，フレイル，サルコペニアは類似する点が多いが，ロコモティブシンドロームは，子どものロコモという言葉があるように若年者から確認される状態であるが，フレイルは高齢期以降の状態である．サルコペニアは，ロコモティブシンドロームと身体的フレイルに共通して関与する．筋力低下などによるサルコペニアの状態から，ロコモティブシンドロームの状態に移行し，ロコモティブシンドロームの程度が進むと身体的フレイルの状態になる．

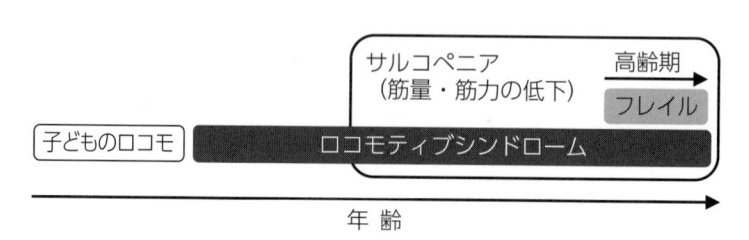

ロコモティブシンドロームは，ロコモ度テストで判定される．つまり，立ち上がりテスト（どの程度の高さの台から立ち上がれるか），2 ステップテスト（大股で歩いた距離），ロコモ 25（日常生活や身体機能に関する 25 個の質問票に対する回答）で判定される（具体的なテスト方法については，https://www.mhlw.go.jp/content/000656490.pdf を参照のこと）．

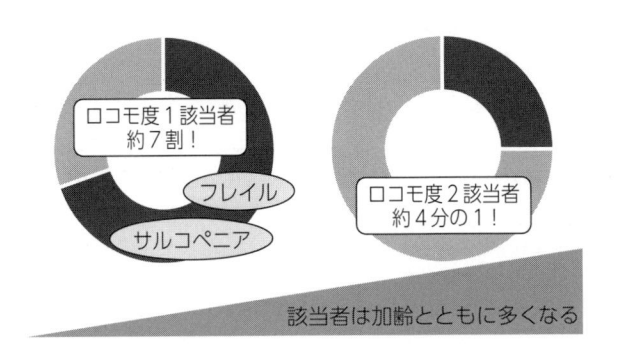

ロコモ度 1 該当者
約 7 割！

フレイル

サルコペニア

ロコモ度 2 該当者
約 4 分の 1！

該当者は加齢とともに多くなる

ロコモ度 1 の該当者は，40 歳以上では約 7 割，ロコモ度 2 の該当者は全体の約 4 分の 1 の割合で確認されることが報告されている．該当者の割合は加齢とともに大きくなるが性差は大きくない．また，ロコモ度 1 の該当者は，ほぼフレイルとサルコペニアにも該当している．そのため，筋量や筋力の維持を目的としたレジスタンストレーニングなどによるサルコペニア，ロコモティブシンドローム，フレイル予防の取り組みが必要である．

フレイルの予防に関しては，AI を利用したフレイル検知の取り組み〔➡コラム〕が始まっている．電力スマートメーターを利用して高い割合でフレイルの検知が可能である．

他にも健康水準や健康状態を理解するために参考になる資料は公表されている．特に，厚生労働省による生活習慣病予防のための健康情報サイト（e-ヘルスネット〔➡調べる⑥〕）では，体力・健康づくりに役に立つ有益な情報を閲覧することができる．

【調べる⑥】生活習慣病予防のための健康情報サイト

e-ヘルスネット　　　　　　　　　　　検索

<文献・資料>

1）池上晴夫「［新版］運動処方－理論と実際－」朝倉書店，1996.
2）厚生労働省「令和元年国民健康・栄養調査報告」https://www.mhlw.go.jp/stf/seisakunitsuite/bunya/kenkou_iryou/kenkou/eiyou/r1-houkoku_00002.html，2019.
3）厚生労働省「令和 4 年簡易生命表の概況」
https://www.mhlw.go.jp/toukei/saikin/hw/life/life22/index.html，2023.
4）日本疫学会監修「疫学の事典」朝倉書店，2023.

5）日本整形外科学会・日本運動器科学会「ロコモティブシンドローム診療ガイド2021」文光堂, 2021.

■コラム■ 「AIによるフレイル検知」

　各家庭に設定されている電力スマートデータを利用して電気使用量を計測し，フレイルや健康な人の電気使用量のパターンを学習した人工知能（AI）が分析し，フレイルを検知する仕組みである．検知対象の住民は普段通りの生活をするだけでよい．実証実験では，AIが推定した人の内8割が実際にフレイルであった．導入する自治体が増えている．

MEMO/NOTE

IV-2　健康づくり

　老若男女を問わず，健康状態を良好に保つため，あるいは病気を予防するための取り組みへの興味関心の程度は高い．そのため，色々な場面で様々な健康づくりの方法を耳にすることがあるが，後に健康被害が明らかになることや話題性のみで長く継続されていない方法も少なくない．正しい健康づくりの実践には注意すべき点がある．健康づくりの方法は様々であるため，それぞれの健康づくりの具体的な方法を紹介することは難しいが，正しい健康づくりの実践に参考になる色々な取り組みについての共通理解を深めることは可能である．

　健康づくり（ヘルスプロモーション）の実践に参考になる，国の取り組みや指針，個人および集団での健康情報の入手や理解の必要性，企業などでの取り組みについて紹介する．

2.1　健康づくり

　健康づくりという用語は頻繁に利用されている．対応する英語は「health promotion」とする例が多い．健康づくりは，一般には，健康状態を維持あるいは向上させるために生活習慣や生活様式などを改善していく取り組みであると理解できる．

　ヘルスプロモーション（health promotion）については，WHO が「人々が自らの健康とその決定要因をコントロールし，改善することができるようにするプロセスである」と定義している．このような広義の解釈から，個人のみならず集団をも取り巻く様々な健康の決定要因を改善し健康状態を良好な状態に維持・向上させるプロセスであると理解できる．

　本書では，健康づくりとヘルスプロモーションは区別していない．また，特に運動習慣を最適化あるいは改善することにより健康状態を良好に保つための健康づくりについて説明している．個人の取り組みにおいても，健康づくりの実践者を取り巻く社会的，環境的，経済的な健康の決定要因をコントロールできることが好ましい．今後，正しい健康づくり（ヘルスプロモーション）を進めていくために理解が必要な知識やスキルの修得が必要である．

2.2　健康日本 21

　国内では，厚生労働省が「健康日本 21（二十一世紀における国民健康づくり運動）」を 2000 年からスタートさせた．一次予防の観点から国民の健康増進を図ることを目的とした国家的プロジェクトである．健康課題に対する目標値を示し，生活習慣を改善することにより，国民の健康寿命の延伸を図る取り組みで「身体活動・運動」を含む 9 分野で検討がスタートした．

　それ以前の取り組みと大きく異なる点の 1 つに，健康増進法の施行（2003 年）が挙げられる．わが国で初めての健康づくりに関する法的基盤の整備がなされたことにより，国民の健康増進の推進に関する基本的な方向性が定められ，より取り組みが強化された．

　2000 年度〜 2012 年度の取り組みに引き続き，2013 年度〜 2023 年度に「健康日本 21（第二次）」が進められた．その後，健康日本 21（第二次）の報告書が公表された．現在は「健康日本 21（第三次）」（2024 年度から）が進められている．

身体活動・運動に関しては，この間「健康づくりのための運動基準 2006」「健康づくりのための身体活動基準 2013」が公表されていたが，健康日本 21（第二次）により「健康づくりのための身体活動・運動ガイド 2023（身体活動・運動ガイド 2023）」が示された．

① 健康づくりのための身体活動・運動ガイド 2023

身体活動・運動ガイド 2023（略称）において推奨事項が示されている（図 IV-2-1）．ライフステージ（子ども，成人，高齢者）ごとに身体活動・運動に関する推奨事項がまとめられており，身体活動・運動を取り組むために参考となる情報がテーマごとに示されている．

本ガイドは，以前に報告されている指針と同様に，科学的根拠となる多くの学術論文を参考にしており，また現在の日本人の運動状況なども考慮して作成されている．

全体の方向性 — 個人差を踏まえ、強度や量を調整し、可能なものから取り組む 今よりも少しでも多く身体を動かす

対象者※1	身体活動		座位行動
高齢者	歩行又はそれと同等以上の（3メッツ以上の強度の） **身体活動を 1 日 40 分以上** （1日約**6,000歩以上**） （＝週15メッツ・時以上）	**運動** 有酸素運動・筋力トレーニング・バランス運動・柔軟運動など多要素な運動を週 3 日以上 【筋力トレーニング※2を週2～3日】	**座りっぱなしの時間が長くなりすぎないように注意する** （立位困難な人も、じっとしている時間が長くなりすぎないように、少しでも身体を動かす）
成人	歩行又はそれと同等以上の（3メッツ以上の強度の） **身体活動を 1 日 60 分以上** （1日約**8,000歩以上**） （＝週23メッツ・時以上）	**運動** 息が弾み汗をかく程度以上の（3メッツ以上の強度の） **運動を週 60 分以上** （＝週 4 メッツ・時以上） 【筋力トレーニングを週2～3日】	
こども （※身体を動かす時間が少ないこどもが対象）	（参考） ・中強度以上（3メッツ以上）の身体活動（主に有酸素性身体活動）を1日60分以上行う ・高強度の有酸素性身体活動や筋肉・骨を強化する身体活動を週3日以上行う ・身体を動かす時間の長短にかかわらず、座りっぱなしの時間を減らす。特に余暇のスクリーンタイム※3を減らす。		

※1 生活習慣、生活様式、環境要因等の影響により、身体の状況等の個人差が大きいことから、「高齢者」「成人」「こども」について特定の年齢で区切ることは適当でなく、個人の状況に応じて取組を行うことが重要であると考えられる。
※2 負荷をかけて筋力を向上させるための運動。筋トレマシンやダンベルなどを使用するウエイトトレーニングだけでなく、自重で行う腕立て伏せやスクワットなどの運動も含まれる。
※3 テレビやDVDを観ることや、テレビゲーム、スマートフォンの利用など、スクリーンの前で過ごす時間のこと。

図 IV-2-1　身体活動・運動の推奨事項一覧

（厚生労働省「健康づくりのための身体活動・運動ガイド 2023」

https://www.mhlw.go.jp/content/001194020.pdf，2024）

身体活動・運動の推奨事項一覧（図 IV-2-1）には，はじめに全体の方向性として「個人差を踏まえ，強度や量を調節し，可能なものから取り組む」「今よりも少しでも多く身体を動かす」ことが推奨されると示されている．健康づくりの実践者の個別性を重視し，個々の実践者の現状をより良い状態に導くことを奨励する発展性も考慮した方向性が示されている．具体的には，各ライフステージ別に身体活動と座位行動に区分して示されている．

身体活動に関しては，高齢者は歩行またはそれと同等以上（3 メッツ［METs］以上）の身体活動を「1 日 40 分以上（1 日約 6,000 歩以上）」（＝週 15 METs・時以上），成人は同様に「1 日 60 分以上（1 日約 8,000 歩以上）」（＝週 23 METs・時以上）と示されている．

　運動の内容と実施頻度については, 高齢者は有酸素運動や柔軟運動などの複数の運動の実践（週3日以上）と筋力トレーニング週2～3日, 成人は息が弾み汗をかく程度以上の運動を週60分以上と筋力トレーニング週2～3日が推奨されている.

　一方, 座位行動に関しては, 成人と高齢者のライフステージに関係なく, 座りっぱなしの時間が長くなりすぎないように注意することが示されている. 近年, 成人のみならず子どもたちのスクリーンタイムの増加が心配されているが, 以前に報告された世界20カ国の中で日本人の総座位時間が最も長い現状も反映された推奨事項になっている.

健康づくりのための身体活動・運動ガイド2023

INFORMATION 1

筋力トレーニングについて

── ポイント

● 筋力トレーニング（筋トレ）には, マシンなどを使用するウエイトトレーニングだけでなく, 自重で行う腕立て伏せなどの運動も含まれる.
● 成人及び高齢者に, 筋トレを週2～3日実施することを推奨する.
● 筋トレの実施は生活機能の維持・向上だけではなく, 疾患発症予防や死亡リスクの軽減につながると報告されている.
● 筋トレと有酸素性身体活動を組み合わせるとさらなる健康増進効果が期待できる.

1 ポイントと具体例の説明

● 筋力トレーニング（筋トレ）とは, 負荷をかけて筋力を向上させるための運動であり, 自分の体重を負荷として利用する自重トレーニング（例：腕立て伏せやスクワット）やウエイト（おもり）を負荷として利用するウエイトトレーニング（例：マシンやダンベルなどを使用する運動）があります.

● 特定の部位を重点的に鍛えるのではなく, 胸, 背中, 上肢, 腹, 臀部, 下肢などの大きな筋群に負荷がかかるような筋トレを全身まんべんなく行いましょう. しっかり筋肉に負荷をかけることで, 筋肉はその負荷に適応して

いきます.

● 日常生活レベル以上の負荷で筋トレを行い, 少しずつ負荷を高めていく（＝漸進性過負荷の原則）ことが重要です. 負荷は重さや回数で調整可能です. また, しっかりと筋肉を休める時間（休息日）をとることも同じく重要です.

● 筋肉は年齢に関係なく鍛えることができます. 特に, 高齢者は筋力が低下しやすいため, 筋力の維持・向上に努めましょう.

2 科学的根拠

筋トレを推奨する根拠

● 国際的な身体活動ガイドラインの策定のために実施されたレビュー（主に介入研究）において, 筋トレにより,

告されています[3]. このように, 筋トレを実施することは, 運動器障害だけではなく, 生活習慣病の発症や死亡リスクの低減につながる可能性があります.

資料 IV-2-1　筋力トレーニングについて（参考情報例の一部）
（厚生労働省「健康づくりのための身体活動・運動ガイド 2023」
https://www.mhlw.go.jp/content/001194020.pdf, 2024）

　身体活動・運動に関する参考情報も以下の項目別に示されている. 資料 IV-2-1 に, 筋力トレーニングについての資料のサンプルの一部を示した. 例えば, 筋力トレーニングのポイントとして, 筋力トレーニングの種類, 推奨される実施頻度, 筋力トレーニングおよび有酸素運動との組み合わせによる効果などについて, わかりやすく示されている. 関連資料は, 厚生労働省のホームページ（以下の QR コード利用可）などから確認することができる.

（1）筋力トレーニングについて
（2）働く人が職場で活動的に過ごすためのポイント
（3）慢性疾患を有する人の身体活動のポイント
（4）身体活動・運動を安全に行うためのポイント
（5）身体活動による疾患等の発症予防・改善のメカニズム
（6）全身持久力（最高酸素摂取量）について

（7）身体活動支援環境について

（8）身体活動とエネルギー・栄養素について

　なお，メッツ［METs］とは，身体運動の強度を表すもので，安静時（座位）に比べて運動時に，その何倍のエネルギーを消費するかを数値で示すものである．

　運動によるエネルギー消費量は「メッツ［METs］×時間（h）×体重（kg）」で推定することができる．様々な身体活動や運動の強度は，国立健康・栄養研究所作成の「改訂版 身体活動のメッツ（METs）表」で確認することができる〔➡調べる⑦〕．

【調べる⑦】様々な身体活動や運動の強度を調べる

> 身体活動のメッツ表　　　　検索

2.3　ヘルスリテラシー

　健康づくり（ヘルスプロモーション）の準備段階およびその過程で，実践者が適切な判断や意思決定ができる能力を身に付けておくことが望ましい．例えば，健康づくりの準備から健康づくりの目標を達成するまでのプロセスを考えると（図 IV-2-2），健康情報にアクセスし情報を入手し，既習の知識に基づき理解し，情報の精査により評価し，問題解決のための意思決定が必要である．つまり，一連の意思決定に至る能力を修得する必要がある．

　このような能力はヘルスリテラシーと呼ばれる．ヘルスリテラシーの定義は，NIH（米国 National Institute of Health）などから複数示されているが「個人が健康づくりを進めていく上で，関連する健康や医療に関する正しい情報を入手し，理解し，活用する能力である」と理解できる．つまり，単に情報を得る事だけではなく，入手した情報の内容を理解し評価した上で，正しい方法で健康づくりを実践し目標を達成するための能力である．

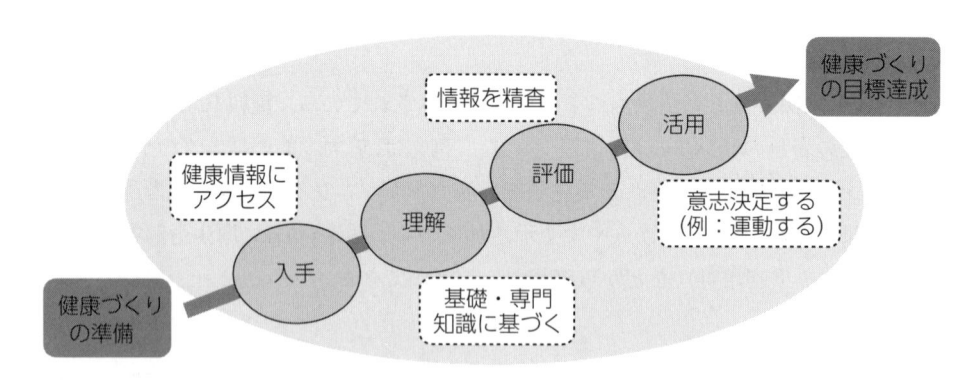

図 IV-2-2　健康づくりの目標達成とヘルスリテラシー〔著者イメージ図作成〕

　ヘルスリテラシーを高めることは，健康寿命の延伸や生活習慣病の予防などに貢献するが，現時点で日本のヘルスリテラシーは世界の国々と比べて低いことが報告されている．様々な活動や機会が必要であり，例えば，学校教育の場においても早期からヘルスリテラシー修得のための取

り組みが必要である．健康や医療に関する正しい知識を持たない状態で成人に至ると，その後の
ライフステージで大きな健康問題を抱えることになる．

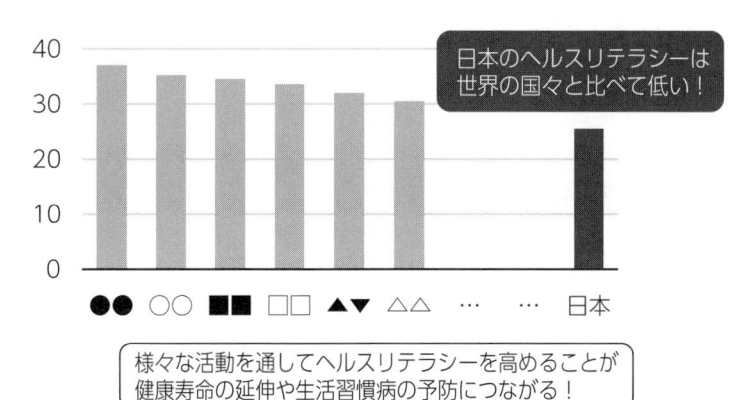

例えば，若年女性が見た目を気にすることにより偏った食事習慣を継続し，低いレベルで骨密
度のピークを迎え，その結果，閉経後に骨粗鬆症になる可能性が高いことは十分に理解されてい
ない．ヘルスリテラシーが低いために起こり得る悪例の1つと言える．

ヘルスリテラシーに関しては，個人の能力に留まらず，広く個人を取り巻く組織（企業や地方
自治体）の能力も高める必要があると考えられる．そのため，企業の従業員の健康を重視した健
康経営の推進や住民の健康づくりを進める取り組みも始まっている．

① 健康経営優良法人

経済産業省の健康経営優良法人認定制度により認定される優良な健康経営を実践している大企
業や中小企業などの法人が健康経営優良法人である．大規模法人部門（上位500社＝「ホワイト
500」）と中小規模法人部門（上位500社＝「ブライト500」）の2つの部門に区分される．例えば，
健康診断やストレスチェックの受診率の向上や喫煙者の減少，運動習慣の定着などを推進し，結
果として従業員におけるリスクの早期発見や適正体重の維持などが実現される．このような健康
づくりの推進により従業員の良好な健康状態が保たれることが期待され，そのことが生産性向上
にも貢献するという考え方に基づいている．さらに，企業にとっては企業イメージの向上の他，
人材確保にも有利になるといったメリットがある．年々，健康経営優良法人の申請は増えており
日本健康会議より認定されている．関係する取り組みとして，地方自治体における健康経営を目
標とした取り組みが認められる〔➡コラム〕

＜文献・資料＞

1) 江口泰正・中田由夫編著「産業保健スタッフ必携 職場における身体活動・運動指導の進め方」
大修館書店，2018.
2) 福田　洋・江口泰正編著「ヘルスリテラシー 健康教育の新しいキーワード」大修館書店，
2016.
3) 厚生労働省「健康づくりのための身体活動・運動ガイド2023」
https://www.mhlw.go.jp/content/001194020.pdf，2024.

4）森　晃爾・永田智久・小田上公法編著「健康経営を科学する！ 実践を成果につなげるためのエビデンス」大修館書店，2023.

5）村山洋史・江口泰正・福田　洋編著「ナッジ×ヘルスリテラシー ヘルスプロモーションの新たな潮流」大修館書店，2022.

■コラム■「健康経営都市認定第1号」

　NPO法人健康経営研究会より，北海道岩見沢市が全国の自治体では初めて，健康経営都市の認定を受けた（2016年）．市は，健康経営を街づくりのテーマとして，住民の健康を守るだけではなく，いきいきと活動する市民づくりを実践するとともに，地元の企業のポテンシャルを引き出し，自立した自治体づくりを目指している〔岩見沢市の資料より〕

MEMO/NOTE

IV-3　健康づくりと生活習慣

　運動実践による健康づくりに取り組もうとする人は多いのではないであろうか. 健康づくりのための運動の内容は正しいが, 肥満傾向の人の体重が減らない, 全身持久力を高めたいが期待する効果が得られない, 筋トレはしているが筋力が向上しないなど健康づくりの成果が得られない例を耳にすることも多い. なぜだろうか. 正しい運動習慣のみでは目標を達成できないからである. 運動習慣以外の生活習慣を正しくコントロールする必要がある.

　健康づくりに運動実践は有効な手段であるが万能ではない. 期待される運動の効果が得られるように, 運動習慣以外の生活習慣における注意点について理解する必要がある.

3.1　運動習慣とその他の生活習慣

　健康づくりの大きな目標は, 生活習慣病を予防し健康寿命を延伸することであるが, 実践者個人においては, 具体的に改善・維持・向上させたい目標や内容は異なる.

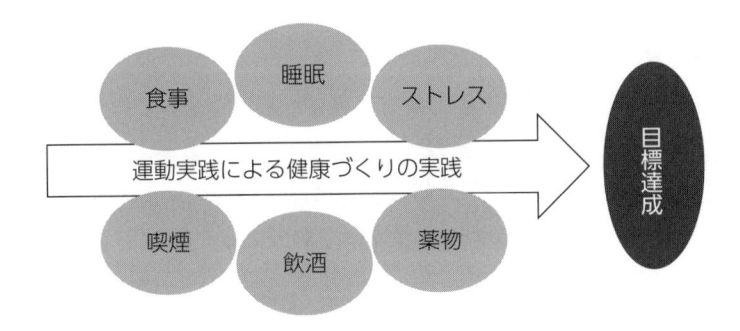

　運動の内容が正しいとの前提で, 例えば, 運動不足により適正体重を超えた場合, 運動することで体内に蓄積された脂質をエネルギーに変換して消費することは体重減少につながる. 一方, 運動によりエネルギーを消費するため, その分の不足したエネルギーを補給しなければならないが, 正しく食習慣（摂取量のバランスなど）はコントロールできているであろうか.

　また, 循環器や呼吸器に関係する生活習慣病の予防の観点から全身持久力（最大酸素摂取量など）を高めたい場合, ジョギングやサイクリングなどの有酸素運動の実践は有効であると考えられるが, 喫煙習慣がある場合, 十分な効果は得られるであろうか.

　さらに, トレーニングの基本条件を守りレジスタンストレーニングを実践し, 栄養面でもタンパク質を摂取するなど注意しているが, 筋力が向上しない場合, 必要な栄養素の摂取量や摂取タイミングは適切であろうか. また睡眠時間などは十分に確保できているか.

　他にも様々な習慣や行動が成果に影響する. 一般には運動すると気分転換になりストレスを軽減することができるが, 過度の運動強度などによりストレスが蓄積したり, 夜眠れなくなったりして十分な睡眠がとれない場合がある. このような場合に薬物を利用することは禁物である. 期待される運動の効果が得られない場合, 運動習慣以外の生活習慣の点検が必要である.

　トータル・フィットネスという考え方がある. フィットネスは「体力」「体力づくり」と訳さ

れるが，トータルがつくことにより，運動習慣のみならず他の生活習慣もコントロールし，より総合的な取り組みとして体力を高め健康づくりを進めていくことを意味する．

　健康づくりの実践において，運動実践は有効な手段であるが万能ではない．運動習慣以外の生活習慣（喫煙や薬物利用などを含む）も正しくコントロールしていかなければならない．コントロールすべき主な生活習慣には，食習慣，喫煙・飲酒，薬物利用などがある．

3.2　食習慣と水分補給

　食習慣とは，いつ・何を・どれだけ食べるのかという習慣のことである．正しい食習慣自身が生活習慣病の予防に貢献するが，運動実践による体力・健康づくりの成果にも影響する．栄養に関する基礎をしっかりと理解する必要があるが，例えば，五大栄養素（糖質［炭水化物］，脂質，たんぱく質，ビタミン，ミネラル）の基本的な役割などについては，今までの学習から理解されているとの前提で，はじめに食習慣における基本を示し，次に運動中の栄養補給や熱中症の予防のための水分補給についても重要であるため注意点を確認する．

　栄養のバランスがとれた日々の食習慣における毎回の食事の内容に関して「何を」「どれだけ」摂取すべきかについては「食事バランスガイド」が参考になる．

① 食事バランスガイド

　食事バランスガイドは，2005 年に厚生労働省と農林水産省が合同で作成したものである．「何を」「どれだけ」食べたらいいのかを，一般の人が理解しやすいようにイラスト（フードガイド）を利用して作成されている（図 Ⅳ-3-1）．毎日の食事について，以下に示す主食，副菜，主菜，牛乳・乳製品，果物の 5 つの料理区分別に適量が示されている．

主　　　　食	＝ ご飯，パン，麺，パスタなどを主材料とする料理
	（主に糖質［炭水化物］の供給源）
副　　　　菜	＝ 野菜，いも，豆類，きのこ，海藻などを主材料とする料理
	（主にビタミン，ミネラル，食物繊維の供給源）
主　　　　菜	＝ 肉，魚，卵，大豆製品などを主材料とする料理（主にたんぱく質の供給源）
牛乳・乳製品	＝ 牛乳，ヨーグルト，チーズなど（主にカルシウムの供給源）
果　　　　物	＝ りんご，みかん，ぶどうなど（主にビタミン C，カリウムの供給源）

　食事バランスガイドという名称であるが，コマのイラストの上部には走る人のイラストが描かれており，食事のバランスを保つことに運動実践が貢献することや，コマのイラストの軸には水やお茶も適量の摂取が必要であるというメッセージが盛り込まれている．また，紐の部分には菓子や嗜好飲料も適量であれば摂取できるというメッセージが示されている．

　食事バランスガイドの料理区分における適量は個人により異なる．体格（肥痩度）や日常生活における活動レベルなどに応じて，各個人の適量を確認し，無理することなく好きな料理を選ぶことが正しい食習慣の継続につながる．例えば，牛乳が苦手な人が無理して牛乳を飲む必要はない．ヨーグルトやチーズの摂取が可能であれば牛乳・乳製品の適量を満たすことができる．また，

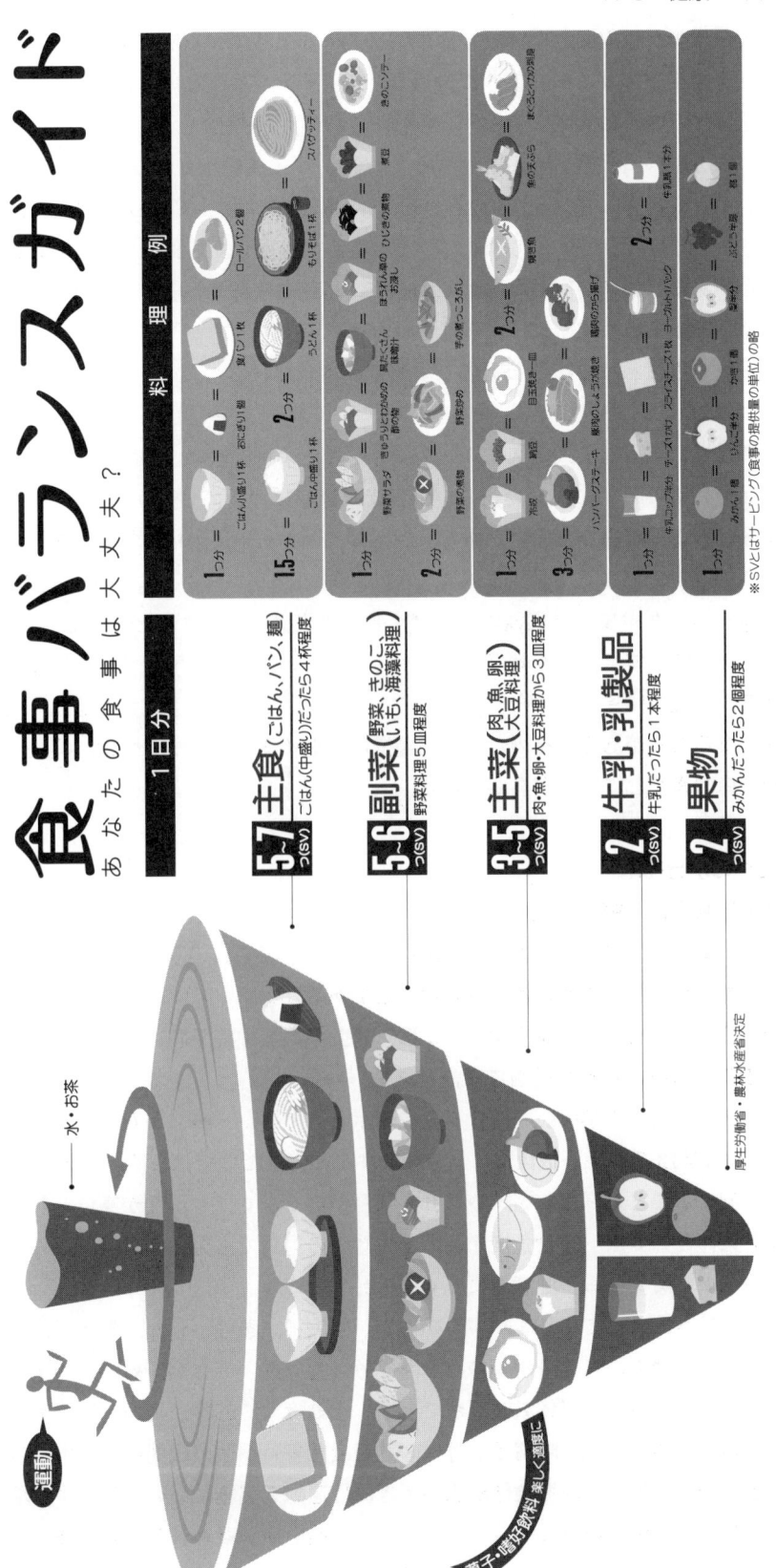

図IV-3-1　食事バランスガイドのイラスト（厚生労働省（https://www.mhlw.go.jp/bunya/kenkou/eiyou-syokuji/6.html）より）

果物でビタミンやミネラルが摂取できない場合はサプリメントなどによる摂取も選択肢の1つとして考えられる．食事バランスガイドを参考に食習慣をデザインすることは，運動実践による健康づくりの目標を達成することに貢献すると考えられる．

　食習慣に関連して，食事の摂り方にも注意すると，例えば，運動不足により適正体重を超えてしまった人の減量に参考になると考えられる．食事誘発性熱生産（DIT；Diet Induced Thermogenesis）という食事をした後に代謝量が増える現象を利用して，食事の摂り方に関して確認されていることがある．DITが高い人は太りにくいことが知られている．温かいものを食べること，視覚・嗅覚・味覚を刺激するように盛り付けなどを工夫すること，香辛料を利用することやカフェインを摂取することはDITを高めることが確認されている．

　なお，日常の食事以外に，運動実践のタイミングに合わせた栄養摂取についても注意が必要である．つまり，食習慣により目的に応じた正しい栄養素の摂取はできているが，「いつ」摂取するかで期待される運動の効果が異なる場合がある．例えば，運動前や運動中の糖質の摂取やフルマラソンなどの持久的運動に対する計画的な高糖質食の摂取（グリコーゲンローディングなど）やレジスタンストレーニング中または直後のたんぱく質の摂取タイミングなどである．ただし，栄養摂取のタイミングに関しては，未だ効果の有無やメカニズムが十分に解明されていないことが多く，また実践者の特性が関係する場合やウォーミングアップの運動や実践する運動の内容により効果の有無が異なることがある．そのため，栄養摂取のタイミングについては，実践者の特性，運動の内容別に専門書などで確認が必要である．

② 熱中症予防のための水分補給

　運動実践の前後や運動中に，糖質や塩分を含むスポーツドリンクなどを摂取することには利点がある．スポーツドリンクや水などの摂取の目的の1つには，熱中症の予防や疲労回復がある．特に暑い環境下では熱中症予防のために水分補給は必要である．

　熱中症予防に関する基本的な内容を確認する．なお，運動中の熱中症予防に関する情報は，日本スポーツ協会のHPにおいて資料や動画で確認できる〔➡調べる⑧〕．また，今後の運動実践に参考になる「スポーツ活動中の熱中症予防5ヶ条」が示されている〔➡コラム〕．

　環境条件については，WBGT（暑さ指数）により評価する．気温だけではなく，湿度，輻射熱，気流から総合的に評価することが好ましい．つまり，気温が高くなくても湿度が高いと熱中症は発生しやすい．運動条件としては，運動強度が高いと短時間の運動でも発生する．個人の条件としては，年齢や体力水準も関係するが肥満者に多く発生している．

　また，熱中症とは，暑さによって生じる障害の総称で，熱失神，熱けいれん，熱疲労，熱射病などから成る．スポーツ活動中に起きやすいのは，熱疲労（脱力感，倦怠感，めまい，頭痛，吐き気などの症状が現れる）と熱射病（体温調節ができず，意識障害，応答が鈍い・言動がおかしいなどの症状が現れる）である．発生時期は7月〜8月が最も多いが他の次期にも発生する．熱中症の基本的な内容について理解し環境条件が悪いときには運動を実施しない．運動する場合は水分補給により熱中症予防に備えなければならない．万一，熱中症が疑われる場合は運動を停止し身体を冷やすなど対処する．また，必要に応じて救急車を呼ぶ．

【調べる⑧】 スポーツ活動中の熱中症予防に関する基本情報を調べる

日本スポーツ協会 熱中症予防	検索

3.3　喫煙と飲酒

　喫煙と飲酒の両習慣は，運動実践による体力・健康づくりの運動の成果に影響する．今までの学習から基本的な内容は理解されているとの前提で，いくつか注意点を確認する．

① 喫煙

　喫煙に関しては，能動喫煙と受動喫煙，また主流煙・副流煙・環境たばこ煙，たばこの煙に含まれる有害物質，さらに多くの生活習慣病の原因となることや妊娠・出産への悪影響などについて基本的な理解はされているのではないであろうか．しかし，喫煙者でないため関係ないと理解している人もいるかもしれない．たばこを吸えない年齢であっても，また喫煙者でない人でも家族や会社の同僚，友人などが喫煙者であればたばこの害の影響を受ける．

　喫煙の健康に対する影響に関しては，国際的機関や各国の政府機関などにより研究成果の整理がなされ科学的根拠に基づく評価がなされている．たばこの煙を吸うことにより動脈硬化が進行し虚血性心疾患や脳卒中などの循環器系の疾患につながる．また，たばこの煙に含まれる有害物質により肺の組織に炎症が起きることにより肺機能の低下が起きることが確認されている．喫煙との関係で因果関係を推定するのに十分であると判定されている生活習慣病は多く，健康づくりのために運動を実践するのであれば喫煙は推奨されない．喫煙習慣は依存性があり断ち切るのは容易ではないが，現在は依存症の治療が可能である．

　例えば，運動実践により全身持久力（最大酸素摂取量など）を高め，循環器や呼吸器に関係する生活習慣病の予防を目的とする場合，喫煙習慣があると十分な効果は得られないであろう．理由の1つとして，全身持久力の指標である最大酸素摂取量は，一回拍出量，最大心拍数，および動脈血酸素含有量と静脈血酸素含有量の差で規定される．喫煙は，肺機能の低下をもたらすため，結果として動脈血酸素含有量が減少する．ジョギングやサイクリングなどの運動後の喫煙を楽しみにしている人はいるかもしれないが，時間をかけて運動しても得られる効果を相殺してしまうか，あるいは悪影響の方が大きく全身持久力を低下させる．

　喫煙習慣自体が生活習慣病の予防にマイナスの影響を及ぼすことは理解できるであろう．さらに，運動実践による体力・健康づくりの効果をも減ずる習慣であると言える．

② 飲酒

　飲酒に関しては，多量の飲酒を長期間にわたり継続することによるアルコール依存症や生活習慣病の発症のリスクが高まることについて，また短時間の大量のアルコール摂取により急性アルコール中毒になることなどについては基本的な理解はなされているのではないであろうか．運動実践により健康づくりを進めるのであれば，健康に配慮した飲酒習慣に注意することが必要であり，誤った飲み方により死に至ることは絶対にあってはならない．

　長期間にわたる飲酒の継続において，飲酒量が多いと肝障害や膵炎，食道がん，高血圧症，糖尿病などの発症リスクが高まることが知られている．また，妊婦の飲酒は，飲酒する本人への影響に留まらず低出生体重など胎児の発育に悪影響を及ぼすことが確認されている．

　飲酒に関して，以前は酒の種類・アルコール度数やコップや瓶の本数などでその飲酒量が把握されることが多かった．しかし，2024 年発表の厚生労働省「飲酒ガイドライン」において「純アルコール量」による飲酒量の把握のガイドラインが示された．今後は，純アルコール量により飲酒量を把握し，飲酒習慣をコントロールしていくべきである．

　純アルコール量の算出式は，以下の通りである．

　　純アルコール量（g）＝

　　　　摂取量（ml）×アルコール濃度（度数 /100）× 0.8〔アルコールの比重〕

　例えば，アルコール濃度 5% のビール 500 ml を摂取した場合の純アルコール量は，500 ml × 0.05 × 0.8 で 20 g となる．つまり，この 500 ml 入りの缶ビールを 3 本飲むと摂取される純アルコール量は 60 g となる．アルコール濃度が低いからと安心してはいけない．単に酒の量だけではなく純アルコール量を計算することにより飲酒習慣をコントロールできる．

　飲酒量と生活習慣病の発症のリスクについては，**WHO** などは純アルコール量が少ないほど飲酒によるリスクが少なくなることを報告している．例えば，大腸がんについては，1 日当たり 20 g 程度（週 150 g 程度）以上の飲酒を継続すると，発症のリスクが高まることが報告されている．国内では，生活習慣病のリスクを高める量として，1 日当たりの純アルコール量が男性は 40 g 以上，女性は 20 g 以上として，その基準を超えて飲酒をしている人の割合を男女合わせて 10% 減少させることを目標とする取り組みが始まったところである．

　健康づくりを進めていく上での飲酒における注意点としては，自分の飲酒状況を把握する，事前に飲酒量を決める，飲酒前や飲酒中に食事をとる，飲酒の合間に水や炭酸水を飲む，飲酒しない日を設けるなど，健康に配慮した飲み方が「飲酒ガイドライン」に示されている．

　また，飲酒の影響を受けやすい要因は，年齢（高齢者は体水分量が減るとアルコールの影響が相対的に高くなる）・性別（女性は男性に比べ体水分量が少なく分解できるアルコール量が少ない）・体質（体内の分解酵素の働きの差により飲酒の影響が個人で異なる）である．

　飲酒について，最後に繰り返しになるが，急性アルコール中毒になると取り返しがつかないことになる．飲酒する本人が注意することが重要であるが，アルコール・ハラスメントなどが起きないように飲酒環境について周囲の人も注意しなければならない．

3.4　薬物利用

　運動実践と薬物利用は無関係のようにも感じられるが，運動実践の方法に関して注意が必要である．気分転換のためのゲームを楽しむような運動実践であっても勝敗にこだわるあまりにストレスを生じることがある．また，運動計画が予定通りに進まないことや運動強度や運動量のコントロールができず過度の疲労から十分な睡眠がとれないことはあるかもしれない．

　オリンピック大会などで競技者がパフォーマンスを向上させるために健康被害や副作用がある

薬物を利用するドーピングが話題になることがあるが，ここでは一般者の運動実践に関係する可能性がある危険ドラッグとオーバードーズについて確認する．いずれも何らかの誘因があると考えられるが，健康づくりのための運動実践では本末転倒の行為である．

① 危険ドラッグ

危険ドラッグとは，指定薬物とは化学構造が少し違うことにより既存の法律の規制対象とならないものを指す．包括指定や緊急指定により指定薬物の取り締まりは強化されているが，常に新しいドラッグが確認され，有害性や危険度はますます高くなってきており絶対に使用してはいけない．以前は「脱法ハーブ」などと呼ばれ，法に反しない自然由来のイメージの名称であったことなどが身近になってしまった原因の1つと考えられる．

危険ドラッグは，健康被害を引き起こし，健康づくりにより期待される効果を無にしてしまう．危険ドラッグの危険性に関して，急性毒性，慢性毒性，依存症が挙げられる．

急性毒性に関しては，一度の使用で有害な作用が現れることが特徴である．体調不良，吐き気・めまい，精神錯乱・行動異常が現れる．当然，運動機能も低下する．

慢性毒性に関しては，ドラッグの量が比較的少量で急性毒性が現れないために継続して使用してしまい，後に様々な障害が現れることが特徴である．具体的には，神経や骨，筋肉，心臓，肝臓，腎臓，呼吸器系などに重度の障害を引き起こす可能性がある．つまり，健康づくりで維持向上を期待する筋力や全身持久力の成果にはマイナスの影響を及ぼす．

依存症に関しては，正確には明らかになっていないことがあるということであるが，繰り返し使用することにより再び使用したいという悪循環に陥る．依存症では慢性毒性で示したような重度の障害が引き起こされる．依存症を防ぐためには周囲の人の協力も必要である．

② オーバードーズ

オーバードーズは，市販薬や処方薬を過剰摂取することである．急性の中毒症状により意識障害などを起こし死に至る場合もある．厚生労働省研究班の全国調査では，薬物乱用の経験がある15歳〜64歳は0.75%であり約65万人と推計されることが報告されている．

年代別では10代（1.46%）の次に50代（1.24%）で割合が高い．また，推計人数では他の年齢段階に比べ50代が非常に多い．体力・健康づくりの運動実践に興味関心が高いと推測される中高年者の年齢段階でも割合が高いことには注意が必要である．

誤った運動実践によるストレスの解消や不眠症状の緩和などが危険ドラッグの使用やオーバードーズの誘因になるかもしれない．しかし，いずれもの薬物利用も健康を害する行為である．運動実践により体力を高め健康づくりを進めていくのであれば，薬物の利用に関しては注意し，運動の効果を無にする行為は絶対にしてはいけない．

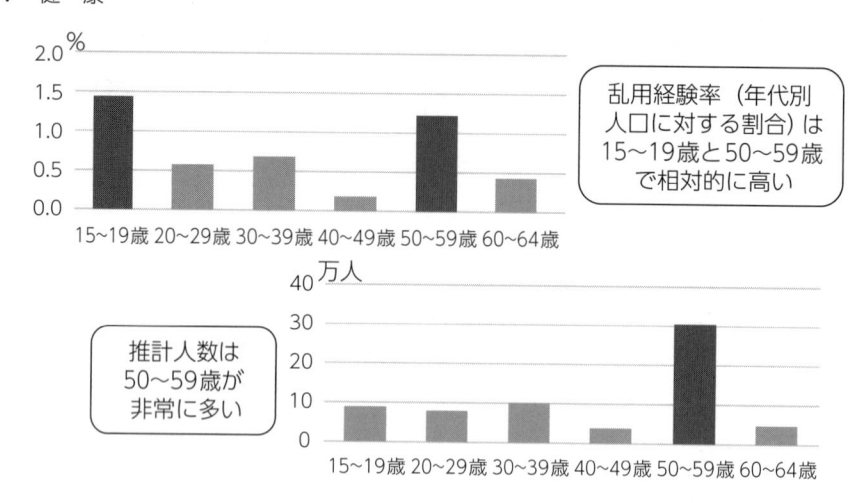

〔厚生労働省研究班の全国調査結果を参考に著者イメージ図作成〕

<文献・資料>

1）阿部和穂「〈増補版〉危険ドラッグ大全」武蔵野大学出版会，2021.

2）喫煙の健康影響に関する検討会編集「喫煙と健康（喫煙の健康影響に関する検討会報告書）」https://www.mhlw.go.jp/file/05-Shingikai-10901000-Kenkoukyoku-Soumuka/0000172687.pdf, 2016.

3）公益社団法人日本栄養士会監修，武見ゆかり・吉池信男編「「食事バランスガイド」を活用した栄養教育・食育実践マニュアル［第3版］」第一出版，2018.

4）公益財団法人日本スポーツ協会「スポーツ活動中の熱中症予防ガイドブック」https://www.japan-sports.or.jp/Portals/0/data/supoken/doc/heatstroke/heatstroke_0531.pdf, 2019.

5）厚生労働省「健康に配慮した飲酒に関するガイドライン」https://www.mhlw.go.jp/content/12200000/001223643.pdf, 2024.

■コラム■「スポーツ活動中の熱中症予防5ヶ条」

　公益財団法人日本スポーツ協会は「スポーツ活動中の熱中症予防ガイドブック」を公表し，熱中症予防の運動指針などについてわかりやすく解説している．ガイドブックでは「スポーツ活動中の熱中症予防5ヶ条」が示されている．スポーツ活動中の命を守るために必要なメッセージは以下の通りである．熱中症について理解して熱中症を予防しなければならない．

① 暑いとき，無理な運動は事故のもと　　② 急な暑さに要注意

③ 失われる水と塩分を取り戻そう　　④ 薄着スタイルでさわやかに

⑤ 体調不良は事故のもと

V　スポーツ・運動

V-1　トレーニングとフィットネス〔理論編〕

　日常会話において，トレーニングやフィットネスが話題になることがある．部活動でトレーニングをしている話や家族とフィットネスを始めたという話を聞くことがある．トレーニングとフィットネスは異なるのでしょうか．身体に適度な負荷をかけて機能を向上あるいは維持させることは，体力・健康づくりの実践で有益であるが注意すべきこともある．現代人は多忙である．運動に時間を費やすものの目標とする効果が得られなければ時間の有効利用にはならない．また，効果を期待する運動の実践によってケガをすれば本末転倒である．

　体力・健康づくりのための運動実践の基礎理解として，安全性，有効性，個別性の基本条件を満たしたトレーニング（フィットネス）の基礎理論について解説する．

1.1　トレーニングとフィットネス

　トレーニングとフィットネスは表現が異なるように，利用される場面が異なるのではないであろうか．はじめに，トレーニングとフィットネスについて考えてみる．

① トレーニング

　語学辞典で「トレーニング（training）」を調べると，訓練，練習，鍛錬，養成などの訳語が確認できる．これらの訳語から，能力や機能を向上させることであると理解できるが，必ずしも体力水準・健康状態や競技力の向上を目指す場合の表現ではないようである．

　トレーニングに「フィジカル（physical；身体的な）」をつけると，つまり，フィジカル・トレーニングという表現は，体力などの身体的機能を好ましいレベルに向上させたり，良好な健康状態を維持したりするための手段としての運動の意味に近づく．

　一方，トレーニングという表現を利用する場面では，一生懸命に取り組む，厳しそう，専門的であるというようなイメージも伴うことがある．そのため，一般の人がトレーニングという表現を使うと違和感を持つ人もいるであろう．違和感を持つ人は，トレーニングとは主に競技者が競技力の向上を目的として実践する運動として理解することで問題ない．トレーニングは身体に適度な刺激（負荷）を与えて身体的機能を向上させる運動である．特に競技者の場合は，現有能力をさらに高いレベルに引き上げることを目的とする．したがって，競技者のトレーニングは主に高い負荷によって身体機能の向上を目指す運動になる．

② フィットネス

　語学辞典で「フィットネス（fitness）」を調べると，適性，適応度，体力などの訳語が確認できる．これらの訳語から現在の能力水準や適応状態を表す表現であると理解できるが，身体的機能を高めるような運動や行動を表す表現ではない．

　訳語の1つに「体力」があるが，体力は英語では「fitness」あるいは「physical fitness」である．例えば，フィットネスという表現は，施設としてのフィットネスクラブ，教室名としてのフィットネスなどで利用されている．このような現状から，国内で利用されているフィットネスという表現は「体力づくり」のような意味で利用されており，和製の英語表現ではないかと推測される．フィットネスが体力づくりと同義と考えると，トレーニングと同様に，身体に適度な刺激（負荷）を与えて身体的機能を向上させる運動を意味する．

　したがって，フィットネスは，主に一般の運動実践者（非競技者）が現状の体力水準や健康状態の維持向上を目的として実践する運動として理解できる．一般の運動実践者は，例えば，同年代の平均的な体力水準の少し上のレベルを目標にして，また運動不足などにより低下した身体的機能を元に戻すことを目標にして，運動するケースが考えられる．そのため，運動負荷は最大値に近いレベルではなく中程度や比較的低いレベルでの運動になる．

　　　　トレーニング　≒　主に競技者が競技力の向上を目的として実践

　　　　フィットネス　≒　主に一般者が体力水準や健康状態の維持向上を目的として実践

　以上のことから，トレーニングという表現は主に競技者において利用され，フィットネスという表現は一般の体力・健康づくりの実践者において利用されている．競技者が厳しい表情でフィットネスをしていると表現する場合や一般の人が楽しそうにトレーニングに取り組んでいると表現する場合に違和感があるのには，実践者や実践目的の違いに関するイメージが背後にあるからではないかと考えられる．ただし，身体的機能を向上させる運動であることは両者に共通しており，実践者が自分に合った表現を利用することで問題ない．

　また，トレーニングもフィットネスも身体に適度な刺激（負荷）を与えて身体的機能を向上させる運動であるという点は共通している．そのため，本書ではトレーニングという表現が多く使われるが，実践者や実践目的に応じた表現に置き換えて理解して構わない．

1.2　トレーニングにおける基本原則

　トレーニングの実践においては，安全性や有効性の条件をクリアしていることが前提であるが，いくつか注意すべき基本原則がある．主な基本原則は以下の通りである．

　原理と原則を区別する場合は，過負荷・特異性・可逆性が原理，その他の意識性・個別性・漸進性・反復性・全面性などが原則として区別されることがある．トレーニングによっては個別の基本原則も示されている．いずれも一般のトレーニングの実践における共通する重要な基本原則であるため，本書では原理と原則は区別しないで説明する．

① 過負荷

　身体に与えられる負荷は過負荷（効果が期待できる一定水準以上の負荷）でなければならない. どの水準が適当なのかは運動の内容や向上させたい体力要素などにより異なる. 一定水準以上の負荷の設定が必要となるが, 高ければ高いほどよいというわけではない. 安全性の条件を満たし, 設定する負荷の上限についても注意しなければならない. 負荷の大きさが, 効果を期待できる負荷の水準を超えていれば有効である. 一方, 同じ大きさの負荷であっても効果を期待できる水準を超えていなければ有効ではない（下部模式図参照）.

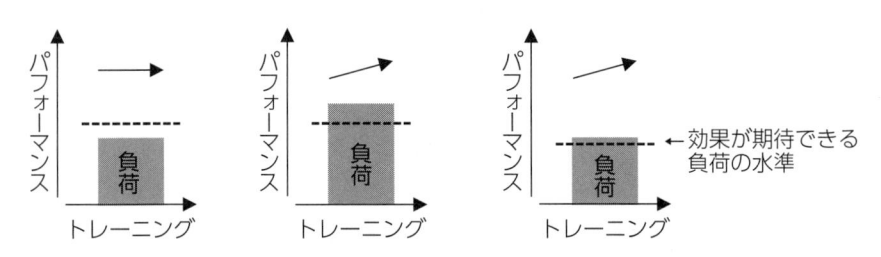

過負荷とパフォーマンスの変化の関係〔著者作図〕

② 特異性

　機能向上を目指す内容とトレーニングで実践する運動の内容が対応していなければならない. トレーニングの目的は色々ある. また, 刺激に対して変化が生じる身体の機能は対応している. そのため, 例えば, 筋力の向上を目的とするのであれば, 部位, 発揮様式, また瞬発的か持久的かなどでトレーニングの内容が異なる. スクワットをすれば脚力は向上するが直接的には握力の向上には関与しない. また, 高負荷低頻度の運動は瞬発的なパワーの向上に貢献するが筋持久力の向上には効果的ではない（下部模式図参照）. なお, 特異性は SAID（Specific Adaptation of Imposed Demands）と専門書などで表記されることがある.

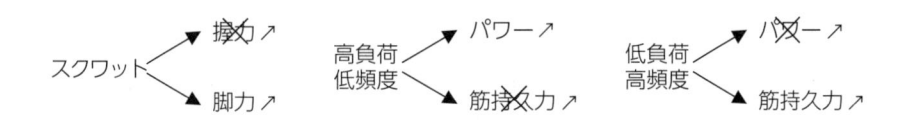

特異性についての運動内容と効果の有無の関係〔著者作図〕

③ 可逆性

　身体において適度な刺激が得られないと機能は低下する. つまり, トレーニングは中断すると得られた効果は徐々に消失するため継続しなければならない. 長期的な計画における休息期間や月間・週間における実践間隔の決定において注意すべきである. 一連のトレーニング計画において, 正しいトレーニングを継続していれば効果は期待されるが, 例えば休息期間が長く全く負荷を与えない状況が続くと, それまでに得られた効果は徐々に消失する. その後のトレーニングは再度低いレベルからの再開になる（次頁模式図参照）.

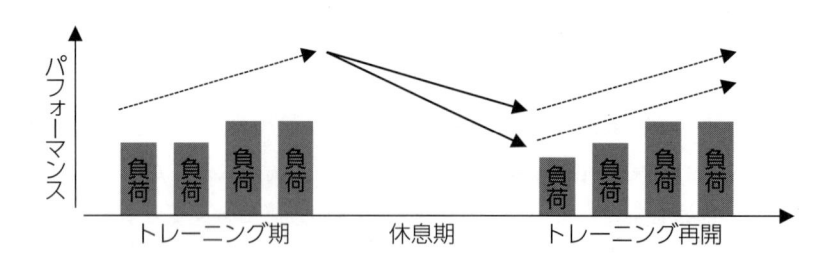

可逆性についてのトレーニング実践過程とパフォーマンスの変化の関係〔著者作図〕

④ 意識性

トレーニングの目的，内容，期間，期待される効果などを理解して取り組まなければならない．トレーニングの継続は容易とは限らない．例えば，一定期間のトレーニング後の効果を十分に理解していれば実践における動機づけを高めることができるが，そうでなければ途中で継続を断念することになるかもしれない．特に，実践者とトレーニング内容の立案者が異なる場合は，専門家などの立案者から実践者は十分な説明を受け，その内容を理解すべきである．

⑤ 個別性

トレーニングの内容は，実践者それぞれの特性に応じて決定されなければならない．実践者の性別，年齢，体力水準，健康状態，運動経験，運動の好みなどは，それぞれ異なる．そのため，トレーニング前に体力水準などを測定し無理のない水準の負荷を設定すべきである．過負荷であるが負荷が大きすぎる場合や動機づけが高まらない好みの運動でない場合は，痛みが出ることや継続できないことの原因になることがある．運動経験が違う友達や年齢が違う家族と一緒に同じトレーニングをする場合には，特に個別性について注意が必要である．

⑥ 漸進性

負荷の水準は少しずつ高めていかなければならない．過負荷の基本原則で説明した通り，一定水準以上の負荷でトレーニングを継続すると効果が期待できる．その結果，一定期間が経過すると強化したい機能の最大値が上昇する．その時点で初期の負荷水準は 1RM などの最大値に対して相対的に低い負荷になっている可能性がある．過負荷でなければ効果は期待できないため，新しい最大値に対して過負荷となる負荷の水準に変更する必要がある．

例えば，トレーニング開始当初の 1RM が 100 kg で 1RM の 70% に相当する 70 kg の負荷で一定期間トレーニングを継続したとする．一定期間後の 1RM が 110 kg に向上していると当初の負荷 70 kg は 1RM の 64% の負荷になる．効果が期待できる一定水準以上の負荷（過負荷）になっていなければ効果は期待できなくなる．この例で，70% に再設定するのであれば 77 kg に負荷を変更しなければ，以後の効果は期待できない（次頁模式図参照）．

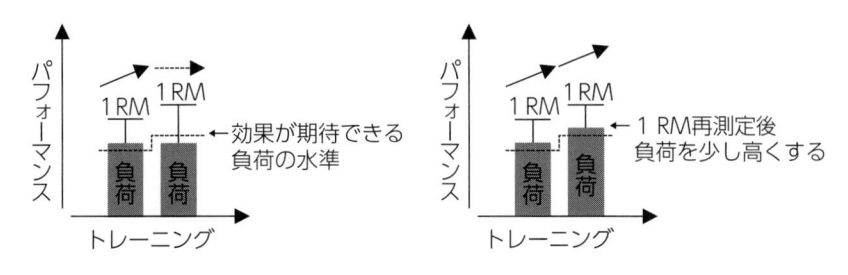

漸進性について正しくないケース〔左〕と正しいケース〔右〕〔著者作図〕

⑦ 反復性

　トレーニングは実施間隔に注意して規則的に反復しなければならない．可逆性の基本原則で説明した通り休息期間が長いと効果は消失してしまう．例えば，週3日のトレーニング実施頻度は効果が期待できる．しかし，3日間連続してトレーニングを実施し，その後残りの4日間は休むという1週間の実践計画を立てると効果は期待できない．実践する運動の効果と疲労の蓄積の関係を理解して，トレーニング間隔に注意して計画を立て反復しなければならない．

⑧ 全面性

　総合的に機能向上が期待できるような偏りの無いトレーニングを実施しなければならない．筋力の向上を目的とする場合，一部の筋のみを酷使するとケガの原因になることがある．一方，上半身・下半身，上肢・下肢，体幹前後などの部位別に負荷をかける順序を工夫すれば，効果と疲労の蓄積のバランスも保たれ効果が期待できる．体力については，筋機能が関係する要素（筋力，瞬発力など）のみならず循環機能が関係する要素（全身持久力，筋持久力など）についても並行して負荷を与えることで総合的な体力水準の向上が期待できる．

<文献・資料>

1）NSCA ジャパン編「ストレングス&コンディショニング I【理論編】」大修館書店，2003.

2）篠田邦彦総監修・岡田純一監修（G. Gregory Haff・N. Travis Triplett 編）「NSCA 決定版 ストレングストレーニング&コンディショニング（第4版）」ブックハウス・エイチディ，2018.

MEMO/NOTE

V-2　トレーニングとフィットネス〔実践編〕

> 　トレーニングとフィットネスでは，身体に適度な負荷を与えて機能を向上あるいは維持させるための運動であることが共通点である．理論編で説明した通り，実践において，いくつか注意すべき基本原則がある．基本原則を理解して体力・健康づくりを進めることになるが，実践方法は様々である．目的に応じた実践方法を決定する上で参考になる代表的な各種トレーニングの特性を理解することは，具体的な運動の内容の決定に役に立つ．
> 　体力・健康づくりのための運動実践の基礎理解として，代表的なトレーニング（フィットネス）と初心者の利用が推奨されるマシン・トレーニングについて紹介する．

2.1　各種トレーニングの紹介

　様々なトレーニング方法が考案されている．競技者のパフォーマンスの向上を目的に考案された方法が，一般者の体力・健康づくりにも応用できる場合も多い．また，生活習慣病の予防や症状の改善を目的とする場合，同じトレーニング方法であっても運動量や運動強度などを実践者の特性に合わせて調節することで効果が期待できるトレーニングもある．

　日々様々なトレーニング方法が考案されており，新しい方法や個別のトレーニング方法の具体的な実践方法はトレーニング関連の専門書などで確認できる．そのため，本書では目的の異なる代表的なトレーニング方法の概要について以下に紹介する．

① レジスタンストレーニング

　筋に負荷，特に抵抗（レジスタンス）をかけて筋力の向上（強化）を目的とするトレーニングがレジスタンストレーニングである．負荷の程度や実施頻度を目的に応じて調節することにより，他に筋機能に分類される瞬発力（パワー）や筋持久力を向上させる目的でも利用できる．このように筋機能の向上を目的とするため，筋力トレーニングあるいは重量物を利用するためウエイト・トレーニングなどと表現されることもある．

　負荷である抵抗には，重量以外にチューブなどを利用した張力，油圧や空気圧，摩擦などがあり，現在は，様々な抵抗を利用する筋力向上の方法の総称としてレジスタンストレーニングと表現されることが多い．原理としては鍛えたい部位の骨格筋に適度な負荷を与えて筋肥大（筋断面積の増大）により筋力向上を目的とするトレーニング方法である．

　自分の体重を重量負荷として自宅でも簡単にレジスタンストレーニングを実践することは可能であるが，一方で重量物を利用した，いわゆるウエイト・トレーニングは一般の実践者には推奨されない．正しい方法を理解することや実施において補助者の協力が必要になるなど，安全性の面で十分な注意が必要である．トレーニングの初心者には，専用のトレーニングマシン（別に説明する）を利用したレジスタンストレーニングが推奨される．

② プライオメトリクストレーニング

　筋力の向上に加えて瞬時に大きな力を発揮するための瞬発力の向上も目的として実践されるのがプライオメトリクストレーニングである．プライオメトリックと表現されることもある．デプス・ジャンプやメディシンボールを利用したトレーニング方法が知られている．

　伸長－短縮サイクル（ストレッチ・ショートニング・サイクル）という筋や腱の急な伸張に対する反射作用の直後に素早く筋が短縮されて大きな力が発揮されるという原理を応用したトレーニング方法である．この原理を利用した様々な実践方法が紹介されている．

　例えば，デプス・ジャンプと呼ばれる方法は，ボックスなどの台から跳び降りて着地したら素早くできるだけ高く跳び上がる動作によるものである．下肢の瞬発力の向上を目的とする．また，メディシンボールを利用する方法も色々あるが，主に体幹や上半身の瞬発的な筋力を強化する場合に有効である．デプス・ジャンプでは，実践者の体重や台の高さなど，また，メディシンボールの利用ではボールの重量など，特に運動負荷の設定においては注意が必要である．比較的負荷が大きいため初心者には推奨されない．事前にレジスタンストレーニングにより，このトレーニングに耐えられる筋力を強化しておく必要がある．

③ アジリティー／クイックネストレーニング

　敏捷性あるいは素早さといった要素の向上を目標とするのが，アジリティートレーニングあるいはクイックネストレーニングである．アジリティーは主に素早い方向転換や切り換えなどに必要な要素で，クイックネスは主に反応に対する動作の素早さに必要な要素である．

　体力要素としては敏捷性として理解されるが，この要素は危険回避能力としても注目されている．予期せぬ落下物を避けること，交通事故に巻き込まれないため，また車の運転中に危険物を察知して素早く停止するなどの場面に備えて鍛えておきたい日常生活にも必要な能力要素であるため，このトレーニングは体力・健康づくりの目的でも利用できる．

　アジリティートレーニングについては，例えば，ラダーという一定間隔でマスが区画されている梯子状の用具を利用し，決められたマス内に正しい順序で素早くステップするなどしてトレーニングをする．前後方向の他，左右の動作も可能である．正確な動作を獲得してからスピードをアップするなど難易度を高めることでアジリティーの維持向上が期待できる．

　クイックネストレーニングでは，刺激に対する反応の速さと正しい判断が課題になる．例えば，ボールなどを利用してキャッチする運動課題では，ボールが投げ出されるタイミング，またキャッチする位置を瞬時に正確に把握し，目的に応じた運動ができるようにトレーニングする．徐々に難易度を高めることでクイックネスの維持向上が期待できる．

④ コーディネーショントレーニング

　主に神経系の機能改善を目的として，イメージ通りの目的に応じた円滑な動きができるように考案された方法がコーディネーショントレーニングである．定義は色々あるが，一般には体力要素における協応性や調整力を高めるようなトレーニングとして理解されている．

　中高年者の体力・健康づくりにおいても実践できるが，神経系の発達期にある幼児・児童・生徒の年齢段階においては，さらにトレーニングによる効果が大きいと推測される．

　コーディネーションは，さらに細かくリズム，バランス，変換，反応，連結，定位，識別の各要素から構成されるという考え方がある．この場合，例えばリズム能力の向上には，メトロノームなどの音に合わせて跳んだり手拍子を打ったり，またリズムに合わせて全身や上肢下肢・指先などを動かしたりしながらトレーニングを進めていくことになる．

　要求される課題に複数の刺激や動作が含まれていることから，認知機能の向上や維持を目的とした体力・健康づくりのためのトレーニングとしての利用が期待される．

⑤ インターバルトレーニング

　インターバルトレーニングは，運動場面と運動休止場面を一定間隔（インターバル）で交互に繰り返しながら実践するトレーニングである．運動場面における運動強度は比較的高く，また運動休止場面においては安静時の心拍数に戻る前に次の運動場面に入る．主に全身持久力などの有酸素能力を高める目的で実践される．陸上競技選手のパフォーマンス向上のために考案されたものであり，標準的な方法は身体への負担は大きいが効果も得られやすい．

　具体例として，20歳前後の実践者の場合，1分間当たりの心拍数を基準に，運動場面では170〜180拍 / 分，運動休止場面の心拍数は120拍 / 分以下にならないようにして運動を繰り返す方法がある．個人差はあるが運動を休止している時間は45〜90秒程度である．初心者は，最初は運動強度を中程度に設定し，全体の運動時間を徐々に長くしていくようにする．全身持久力の向上を目的とするのであれば全体の運動時間は20分以上が推奨される．

　走る運動で実践する場合は，急に体重が増えた肥満傾向の人や下肢に障害がある人には好ましくない．泳ぐ運動でも同じ方法で全身持久力を高めることは可能である．個別性に配慮し，実践者の体格，健康状態，運動の好みなどに合わせて運動様式を決定すべきである．

　なお，レペティショントレーニングという同じ運動を反復する点でインターバルトレーニングと方法が類似するトレーニングがある．トレーニングの進め方や向上を期待する体力要素が異なるため区別が必要である．運動を繰り返すことは同じであるが，レペティショントレーニングの運動強度と休息時間はインターバルトレーニングとは大きく異なる．つまり，レペティショントレーニングでは，1回の運動を全力で行い十分な休息の後，再度同じ運動を全力で行う．例えば，300 m の全力疾走を15分間の休憩の後に繰り返す（4〜5回）．走る距離は全力で走り切れる距離で長く走る必要はない．トレーニング中の血中乳酸濃度の変化から，レペティショントレーニングでは無酸素能力の向上が期待できることが確認されている．

⑥ LSD トレーニング

　LSD トレーニングとは，長い（long）距離（distance）をゆっくり（slow）走ることにより実践するトレーニング方法である．体力要素における有酸素能力である全身持久力を高めるトレーニングの1つである．長距離ランナーのパフォーマンスの向上を目的として考案されたが，原理を応用すれば，体力・健康づくりにおいても利用できる他，サイクリングや水泳などの他の運動様式でも実践が可能であり同じような効果が期待できる．

　具体的には，一般的に低強度から中強度の運動強度で長い時間（1時間以上）運動を継続する．低強度で実践ができるため，体力・健康づくりの初心者においても取り組みやすい．しかし，効

果を得るためには一定以上の運動時間を確保する必要がある．また，筋線維のタイプで説明した通り，速筋線維の割合が大きいと自覚している人は長続きしないかもしれない．

　なお，低強度でLSDトレーニングを一定時間以上実践することにより，体内に蓄積された脂肪（脂質）がエネルギー源として利用されることが期待されるトレーニング方法である．

⑦ ファルトレクトレーニング

　ファルトレクトレーニングとは，平地，坂道，また舗装路や砂地などの運動環境に応じて運動様式（走る・歩くなど），スピード，運動強度などを柔軟に対応させながら実施するトレーニング方法である．LSDトレーニングと同様に，体力要素における有酸素能力である全身持久力を高めるトレーニングの1つであるが，ファルトレクトレーニングは，草原，森林，芝生，砂浜などがある自然豊かな運動環境下で考案されたもので，実践方法が異なる．

　一般的に，ジョギングをするときには毎回決まったコースを走ることが多いかもしれない．同じような路面を一定スピードで走ることにより負荷がかかる筋の部位は毎回同じで，また同じ運動の繰り返しによる飽きやストレスも生じるかもしれない．しかし，ファルトレクトレーニングでは，例えば，地形や路面に合わせて歩いたり走ったりすることで，スピードや運動強度が変わり，また坂道を上ったり下ったりすることにより，それぞれの場面で関与する筋の部位や動作が異なる．さらに，同じ場所を走っていても季節を通して四季の変化を感じながら精神面でリラックスして運動を継続できるという特徴がある．

　体力・健康づくりにおいて，ジョギングなどの走る運動様式は頻繁に選択される．実践者の運動環境に合わせて，例えば，花粉症などのアレルギーがあれば室内でランニングマシンを利用して走るという選択肢もある．街中に住んでおり平坦な場所しかない場合には舗装路を走ることもある．一方，自然豊かなところに住んでいる場合には，ファルトレクトレーニングのような制約の少ない条件で運動することもできる．体力・健康づくりの運動を長く継続していくためには，自分に合った運動様式やトレーニング方法の決定は重要である．

⑧ ストレッチング

　ストレッチング（ストレッチ）は，一般に運動前のウォーミングアップなどで利用されているが，体力要素における柔軟性や競技パフォーマンスを高めるトレーニングの1つである．つまり，筋を伸ばし関節の可動域を高めるためのトレーニング方法である．怪我の予防を目的として利用することも可能である．ストレッチングは，スタティックストレッチング，ダイナミックストレッチング，バリスティックストレッチングなどに分類される．

　スタティックストレッチングは，徐々に筋を伸ばし関節の可動域を広げていく方法で大きな動作を伴わない方法である．パフォーマンスの向上の他，怪我の予防目的で利用できる．クーリングダウンでの利用は，筋の緊張をリラックスさせる効果が期待できる．

　ダイナミックストレッチングは，上肢・下肢・体幹などのゆっくりとした動きを伴いながら筋を伸ばし可動域を広げていく方法である．スタティックストレッチングの実施時よりも心拍数や血流量が増加し，体温の上昇とともに柔軟性を高めることができる．

　バリスティックストレッチングは，ダイナミックストレッチングと同様に動作を伴うストレッ

チングの方法であるが，反動で筋を引き延ばすことにより可動域を高める方法である．反動をつけて実施されるため伸張反射が起きることがあるため注意が必要である．

　ストレッチング実施時の主な注意点は，無理をせず痛みを感じない程度で実施すること，呼吸をしながらリラックスした状態で実施すること，伸ばしている筋を意識すること，各種ストレッチングの特徴を理解して目的に応じた正しい方法で実践することなどである．

2.2　マシン・トレーニング

　競技者の競技力向上を目的とした利用だけではなく，一般人の体力・健康づくりに利用できるトレーニング用のマシンが各種開発されている．例えば，全身持久力の代表的指標である最大酸素摂取量を正確に測定するには実験室的な環境が必要である．しかし，全身持久力を高めるために開発されたステーショナリーバイクを利用して最大下の運動により最大酸素摂取量を推定することができる．また，重量物を利用するレジスタンストレーニングは，限られたスペースで複数の様々な動作により負荷を細かく設定して実施できる利点がある．一方，重量物の取り付けや取り外しには危険が伴う．また1人で実施することは好ましくない．

　このような背景から，現在では一般者も利用可能なトレーニング用のマシンが各種開発されている．大別すると全身持久力の向上を目的とするマシンと筋力の向上を目的とするマシンに分類される．後者のマシンを利用したトレーニングがマシン・トレーニングである．

　これらのマシンは，共通してトレーニングの初心者も取り扱いやすい設計になっており，マシンごとに向上させたい体力要素や鍛えたい筋の部位などが明確に示されており誤った利用が起きにくい．また，筋力向上用のマシンでは，負荷の調節方法がピンなどを差し込むだけで調節できるなど工夫されており，その調節に伴う事故（例えば，負荷となる重量物の落下など）やトレーニング中の怪我（例えば，負荷に耐えられず重量物の下敷きになるなど）が起きないように安全設計されている．中高年者や女性にも負荷の設定が身体的負担にならない．

　以下にトレーニング用マシンの例を紹介する．利用方法は機種により異なるため，実際の利用においては，必ず各機種のマニュアルを確認する必要がある．

① 全身持久力向上用マシン

　全身持久力向上用のマシンは，運動様式により色々な機種が開発されているが，自転車型（ステーショナリーバイク）が普及している（写真 V-2-1）．写真 V-2-1 の例の中央と右側は全身持久力を高めるためのステーショナリーバイクであるが，左側のマシンは無酸素系のパワートレーニング用のバイクである．区別して利用しなければならない．

　全身持久力の向上を目的とするトレーニング用のステーショナリーバイクでは，利用目的に応じたトレーニングプログラムや最大酸素摂取量を推定する体力測定プログラムなどの設定が可能である．実践者の好み（走るのは嫌いだが自転車に乗るのは好きなど）や条件（最近体重が増えて走る運動は好ましくないなど），また目的に応じて負荷・運動時間やメニューを細かく設定できる．例えば，体脂肪量の減少を目的とした低負荷で運動時間が長い運動や呼吸循環系の病気の予防や最大酸素摂取量の向上を目的とした有酸素運動を初心者が安全に実践することができる．なお，各種プログラムで運動をする場合，負荷や運動時間を決定するためには，実践者の性別，

写真 Ⅴ-2-1　トレーニングマシンの例（ステーショナリーバイク）
〔愛知大学名古屋校舎フィットネスルーム内，著者撮影〕

年齢，体力水準などの入力が必要な場合がある．トレーニング用のステーショナリーバイクを利用する場合，初回は体力測定モードにより最大酸素摂取量などを測定し，その実践者のデータ（測定結果）をトレーニング用に入力する必要がある．

　自転車型のマシンを利用する場合には，利用前にサドルやハンドルの高さを実践者の体型・体格に合わせて調節する．サドルの高さが実践者に合っていないとペダルを十分に踏み込むことができないことがある．ステーショナリーバイクのペダリング姿勢が適切でないと運動後に背部や膝などに痛みが生じることがあるため，利用前の各調節が必要である．
　また，ハンドルを素手で握ることにより心拍数の測定が可能な機種もあるが，心拍数の測定にイヤーセンサーなどの装着が必要な場合は正しい装着方法を理解する必要がある．運動中，各種プログラムでの運動様式が決まっている場合，例えば，最大酸素摂取量の測定で一定のペダリング速度が決まっている場合，リズム音やパネル表示などに合わせてペダリング速度を調節しなければならない．決まったペダリング速度を維持できないと，エラーとなり測定が中止になることがある．また，誤ったペダリング速度は身体への負担が大きくなることやステーショナリーバイクの故障にもつながる可能性があるため，正しい利用方法を確認する必要がある．なお，運動中に気分が悪くなった場合は直ちに運動を停止する．正しい姿勢や正しい利用方法により目的とする効果が期待でき競技者から一般者まで幅広く利用できる．

　全身持久力の向上を目的とするその他のトレーニングマシンとしては，写真 Ⅴ-2-2 の例のように，ウォーキング・ランニング型のマシン（左上）や階段を昇り降りするようなステップ型のマシン（右上），またボートを漕ぐような動作で全身持久力や筋持久力を高めることができるマシン（下）などがある．実践者の運動の好みや鍛えたい筋の部位などに応じて各種トレーニングマシンを選んで全身持久力の向上を目指すことができる．

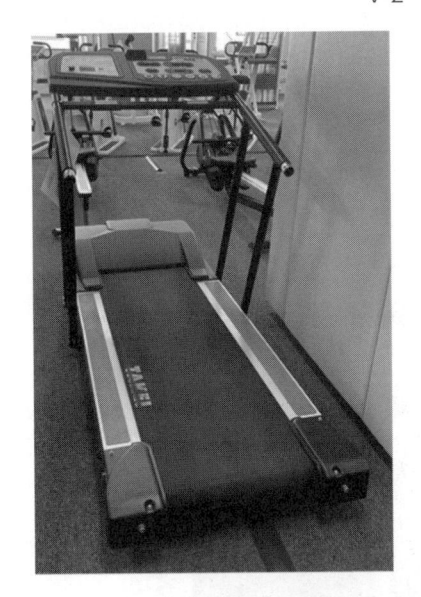

写真 V-2-2　トレーニングマシンの例（その他の全身持久力向上用のマシン）

〔愛知大学名古屋校舎フィットネスルーム内，著者撮影〕

② 筋力向上用マシン

　マシン・トレーニング用のマシンの長所は前述した通りである．短所としては，それぞれのマシンが対応する運動や目的に応じて別々に開発されているため，1つのマシンにより鍛えることができる筋が限られている．そのため，各種筋力を鍛えるために多くのマシンを配置する場合は広いスペースを必要とする．スペースが限られている場合には，1つのマシンで複数のトレーニングが可能な複合機の設置も選択肢の1つである．最近では，体力・健康づくりで筋力の向上を目的とする人が増え，各種トレーニングマシンが設置されているジムも増えている．マシン・トレーニング用のマシンの特性や一般的な利用方法を理解して，体力・健康づくりにレジスタンストレーニングを取り入れることは，筋力などに余裕をもって日常生活を送ることや高齢者になった時のロコモティブシンドロームの予防にも有効である．

　それぞれのトレーニングマシンの名称は，運動動作や鍛えたい筋の部位に基づいて付けられて

いることが多い．例えば，肘関節を屈曲させることで上腕二頭筋に負荷を与えるマシンは「アーム・カール（arm curl ＝肘関節を屈曲させる）」や「バイセプス（biceps ＝（上腕）二頭筋）」などのマシン名になっている．そのため，マシン名から動作や鍛えたい部位をイメージしやすい．各マシンには，鍛えられる筋の部位，正しい姿勢と動作，体格に合わせた椅子の高さの調節方法，負荷の設定の方法などが表示されている（写真 V-2-3）．また，QR コードをスマートフォンなどで読み取ると動画で実践方法が確認できる機種もある．

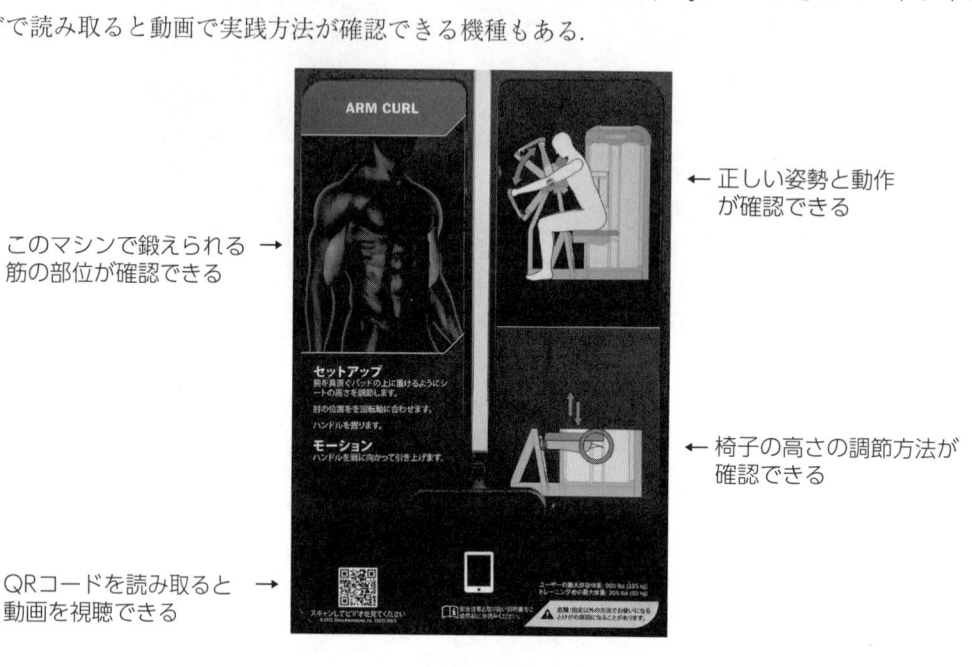

写真 V-2-3　トレーニングマシンの説明表示例（アーム・カール，Cybex 社製）
〔愛知大学名古屋校舎フィットネスルーム内，著者撮影〕

　基本的な動作は，ゆっくり1・2・3のテンポで前半の動作を完了して，4・5で後半の動作により元の位置に戻す（後半の動作で脱力しないように注意する）．実践方法はトレーニング目的により異なる．例えば，アーム・カールでは左右の上肢を同時にトレーニングすることも可能であるが，筋力を向上させたい上肢側が決まっている場合や怪我で一方の上肢が使えない場合は，片方の上肢のみでのトレーニングも可能である．また左右交互にトレーニングをすることもできる．1つのマシンで実践できる主動作は同じであるが，負荷の大きさを調節したり，動作回数（頻度）を変えたり，運動の速度を変化させるなどして，それぞれのマシンで目的に応じた色々なトレーニングを初心者も安全に実施することができる．

　写真 V-2-4 と写真 V-2-5 は，上半身の筋力向上用のマシンの例である．それぞれのマシンにより，肩，腕，胸，背中などの筋力を向上させることができる．

　写真 V-2-6 は，体幹の筋力向上用のマシンの例である．それぞれのマシンにより，腹部（中央や横側），腰・背中などの筋力を向上させることができる．

　写真 V-2-7は，下半身の筋力向上用のマシンの例である．それぞれのマシンにより，大腿の前面・後面，内側・外側，また下腿の筋力を向上させることができる．

ラテラル・レイズ

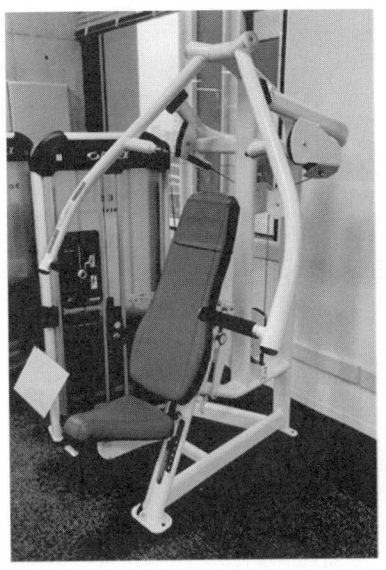

チェスト・プレス

オーバーヘッド・プレス

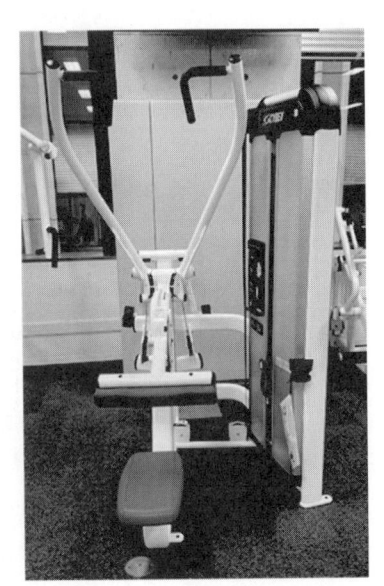

プル・ダウン

写真 V-2-4　トレーニングマシンの例（上半身の筋力向上用 ① ・Cybex 社製）

〔愛知大学名古屋校舎フィットネスルーム内，著者撮影〕

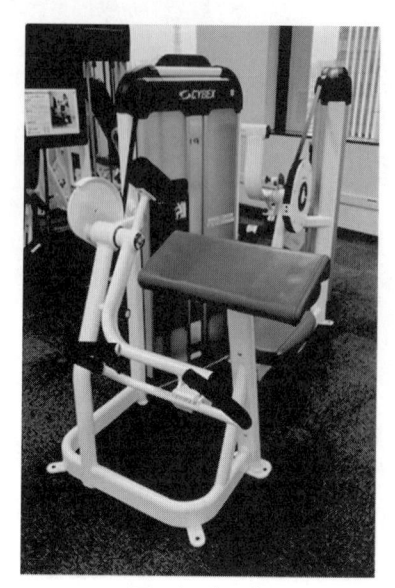

アーム・カール

アーム・エクステンション

フライ / リア・デルト

写真 V-2-5　トレーニングマシンの例（上半身の筋力向上用 ②・Cybex 社製）

〔愛知大学名古屋校舎フィットネスルーム内，著者撮影〕

アブドミナル

バック・エクステンション

トーソー・ローテーション

ロー

写真 V-2-6　トレーニングマシンの例（体幹の筋力向上用・Cybex 社製）

〔愛知大学名古屋校舎フィットネスルーム内，著者撮影〕

ヒップ・アブダクション/アダクション　　　　　プローン・レッグ・カール

レッグ・エクステンション　　　　　　　　　レッグ・プレス

写真 V-2-7　トレーニングマシンの例（下半身の筋力向上用・Cybex 社製）
〔愛知大学名古屋校舎フィットネスルーム内，著者撮影〕

　なお，マシン・トレーニングを始める準備として，トレーニング開始前に最大筋力を測定する
必要がある．最大筋力は，それぞれの発揮様式で随意的に発揮された最大の力を力量計などにより測定可能であれば正確に把握することができるが，力量計が必要なため現実的ではない．また，
マシン・トレーニング用のマシンでは，一定間隔で負荷を設定するようになっていることが多く，
マシンを利用して最大筋力を測定することは難しい場合がある．

そのため，1RM（repetition maximum）という指標が利用される．1RM は 1 回しか挙上（あるいは要求された動作が）できない最大負荷（多くは重量）である．例えば，100 kg を 1 回挙上できたが，それ以上の重量は挙上できない場合，1RM は 100 kg である．1RM の値はトレーニング負荷を決める基準となる最大値である．現実的には，特にマシンで設定できる負荷の間隔が大きい場合，1 回しか挙上（動作）できない重量を見つけることが難しい場合もある．その場合は，例えば，5RM のような 5 回は反復できるが 6 回目はできないというような負荷を見つけ，以下の対応表（表 V-2-1）などから 1RM を推定することができる．

例えば，5RM の負荷の大きさが 100 kg の場合，5RM の負荷は 1RM の 87% に相当するという対応関係を利用して，1RM の推定値 115 kg（≒ 100 ÷ 0.87）を算出できる．

表 V-2-1　1RM の割合と反復できる回数（%1RM －反復回数の関係）

%1RM	100	95	93	90	87	85	83	80	77	75	70	67	65
反復回数	1	2	3	4	5	6	7	8	9	10	11	12	15

〔篠田総監修「NSCA 決定版 ストレングストレーニング＆コンディショニング（第 4 版）」ブックハウス・エイチディ，p.494，2018，著者表再作成〕

実践編の最後に，トレーニングやフィットネスの正しい実践によって健康状態や体力水準の維持向上が期待できるが，運動中に怪我をすることもある．運動中に，特に四肢の捻挫，打撲，骨折などの怪我をしてしまったら応急処置が必要である〔➡コラム〕．

また，運動中のみならず，意識が無い人を発見したら，人命救助が必要であるが，この場合は，人工呼吸・胸骨圧迫の方法や AED（自動体外式除細動器）の使い方について事前に講習会などに参加して救急救命の方法について理解しておくと役に立つ〔➡調べる⑨〕．

【調べる⑨】一般市民向け応急手当 WEB 講習について

```
┌─────────────────────────────────┬────────┐
│  総務省消防庁　応急手当 WEB 講習           │  検索  │
└─────────────────────────────────┴────────┘
```

＜文献・資料＞

1）篠田邦彦総監修・岡田純一監修（G. Gregory Haff・N. Travis Triplett 編）「NSCA 決定版 ストレングストレーニング＆コンディショニング（第 4 版）」ブックハウス・エイチディ，2018．

■コラム■「RICE 処置」

　トレーニングやフィットネスの実践中に，特に四肢の捻挫，打撲，骨折などの怪我をしたら応急処置が必要になる．応急処置とは，負傷などに対して医師などの診断や治療を受けるまでの間に症状を悪化させないための一時的な行為である．正しい応急処置により，その後の完治までの期間が短くなる．それぞれの処置の頭文字を並べた「RICE 処置」が推奨されている．その他にも「P」や「S」を加えた「PRICE」「PRICES」が知られているが，各処置の共通目的は主に患部への血液集中による腫れや炎症を抑えることである．
　「R」（安静；Rest） ＝　運動を中止し患部を動かさない（安静にする）．
　「I」（冷却；Ice） ＝　患部を冷却し血管の収縮により血流量を抑える．
　「C」（圧迫；Compression） ＝　患部を圧迫し物理的に血管の血流量を抑える．
　「E」（挙上；Elevation） ＝　患部を心臓より高い位置に挙上し血液集中を抑える．
　「P」（保護；Protection） ／ 「S」（固定；Stabilization）
　　　＝　新たな刺激や負荷などにより患部が動かないように保護・固定する．

MEMO/NOTE

V-3　運動プログラムの作成

　一般に「運動する」ことが体力の向上や健康状態を良好に保つことに役に立つであろうということに疑問を持つ人は少ないのではないであろうか．つまり，運動実践が体力の維持向上や健康の維持増進に貢献することは広く肯定的に理解されている．しかし，実践すべき具体的な運動とは「何か」と問いかけると，どのような運動をしたらよいのかわからない人も多い．仮に，取り組みやすい運動を始める人もいるかもしれないが，その運動の様式，強度，時間は様々で「運動する」という一言だけでは，具体的な運動の内容が決まらない．

　運動実践による体力・健康づくりのためには，実践者の特性に応じた安全でかつ有効な運動の内容を具体的に決めなければならない．運動プログラムの作成について解説する．

3.1　運動実践の準備・計画と手順

　運動実践により体力・健康づくりを進めるためには，準備段階で計画を立て，実践する運動の具体的な内容を決めなければならない．病状の改善などを目的に運動の内容を決めることを運動処方と言う．つまり，運動処方とは「ある目的のために運動しようとするときに，その目的を達成するために最も適した安全でかつ有効な運動の内容を決めること」である．この目的には，治療目的であれば改善が期待される病気に関する内容が入るが，特に身体に異常がなく病気でない人は，この目的が体力の維持向上や健康の維持増進になる．

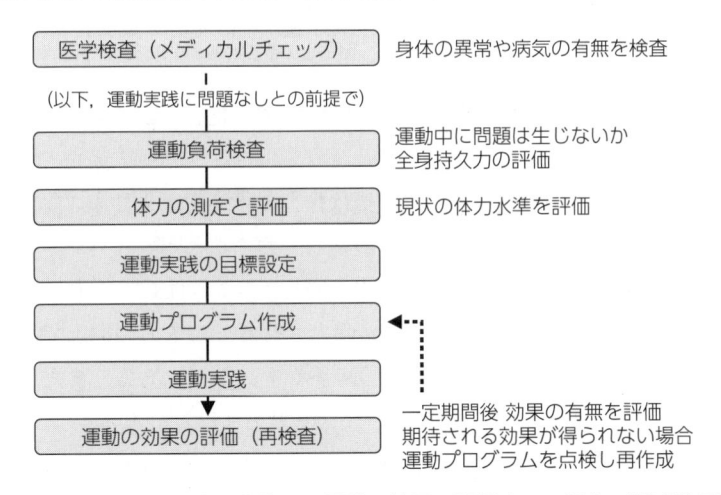

図 V-3-1　運動実践の準備から運動の効果の評価までの流れ〔著者作図〕

　本書では，病気の改善が目的ではなく，また運動の実践が禁止されていない場合の運動の内容を決めるという前提で，以下「運動処方」ではなく「運動プログラム」と表現する．

　基本的な運動実践の準備から実践までの流れについては図 V-3-1 に示す通りである．運動プログラムの作成の準備として，はじめに実践者の身体の状況を把握しなければならない．運動習慣のない人が久しぶりに運動を再開する場合には特に注意が必要である．

医学検査（メディカルチェック）を受けることから始まる．医学検査により身体の異常や病気の有無を検査する．何らかの異常や病気が確認された場合は，運動実践が可能かどうか医師の指示に従う．運動実践が適当でない場合は，運動処方ではなく他の処方により治療する．安静時に身体の異常が認められない場合でも運動中に身体に異常が生じることがあるため，運動負荷検査を受けることが推奨される．運動中の心電図の変化などに注意したい．

また，実践者の体力水準を把握する必要がある．複数の体力テストによる総合的な評価が好ましいが，運動実践の目的が，例えば，形態，健康関連体力，筋機能，持久力のみの維持向上などに限定されていれば，測定するテストを限定することも可能である（図 Ⅴ-3-2）．総合的な体力の評価を性別・年齢別の平均値などと比較してプロフィール図（図 Ⅲ-2-6 参照）により視覚化すると実践者の改善すべき体力要素が理解しやすい．この体力の評価結果は運動実践の目標設定に参考になるだけではなく運動強度の設定においても参考になる．

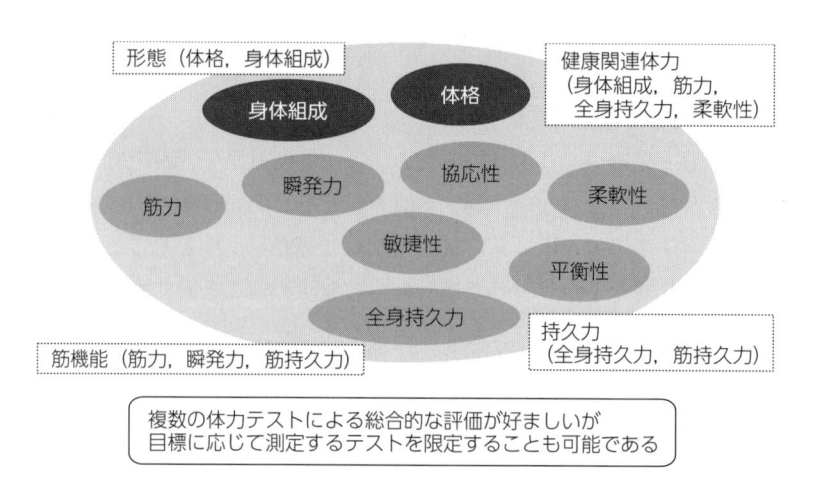

図 Ⅴ-3-2　運動実践の目標に応じて体力水準を把握する〔著者作図〕

運動実践の目標の設定においては，大きな目標は体力の維持向上や健康の維持増進でも構わないが，運動の効果を評価するためには，具体的に設定しておくことが好ましい．総合的な体力（健康関連体力など）の維持向上が目標ならば，体力段階を 1 ランク上げる，体力年齢を実年齢と同じにするなど．筋力の向上であれば筋力を◯ kg 向上させる，持久力の向上であれば最大酸素摂取量を◯％向上させるや上体起こしの回数を◯回多くするなどである．また，運動不足により適正体重を超えている場合は，◯カ月後に体重を◯ kg 減らすなどである．

次に，運動実践の目標に応じて，実践者に適した安全でかつ有効な具体的な運動の内容を決めなければならない．運動プログラムの作成については，別項で具体的に解説する．

運動実践の期間は実践者の条件や目標により様々であると考えられる．体力・健康づくりは，一定期間の実践のみで，それ以降高い体力水準や良好な健康状態が保たれるわけではないため，定期的に効果の有無を評価しながら運動を継続していかなければならない．

必ず運動の効果の有無の評価が必要である．当初期待されていた効果が得られない場合は運動プログラムの内容が正しくない場合があるので点検しなければならない．例えば，トレーニングにおける過負荷や漸進性の基本原則で説明したように，一定期間の運動実践により効果が得られ

た（機能が向上した）ため，当初設定した負荷の程度が相対的に低くなり効果が期待できる負荷（過負荷）になっていない場合は，負荷の程度を見直す必要がある．

3.2　運動プログラム作成における基本条件

　次項で説明する具体的な運動の内容を決定する前に，正しい運動プログラムの条件として，以下の安全性，有効性，個別性の 3 条件については十分に注意しなければならない．

① 安全性

　運動実践は安全でなければならない．運動様式は様々であるが，危険を伴う運動様式は体力・健康づくりのための運動様式としては適していない．また，運動強度の設定においては，身体への負担の程度を考慮し，特に運動強度の上限には注意しなければならない．

② 有効性

　運動をしていれば何でもいいというわけではない．現代人は忙しいが時間を設けて体力・健康づくりを進めていくのであるのなら，一定の効果が期待できる運動でなければならない．トレーニングの基本原則（過負荷，漸進性，反復性など）を満たす必要がある．

③ 個別性

　実践者の特性は異なるため，別々の運動プログラムが適用されなければならない．実践者の年齢・性別の他，体力水準，健康状態，運動経験，生活スタイルなどを考慮して運動の内容が決定されるべきである．例えば，体力水準に合っていない高すぎる運動強度の運動は負担である．また，慣れない運動や時間に余裕のない計画での運動実践は長続きしない．

3.3　運動プログラムにおける運動内容の決定

　具体的な運動の内容は目的により様々である．例えば，目的が筋機能を高めて余裕をもって日常生活を送りたい場合や全身持久力を高めて生活習慣病を予防したい場合など色々である．前者の運動の内容は，鍛えたい筋の部位，また向上させたい体力要素が筋力，瞬発力，筋持久力なのかの組み合わせにより運動の内容は非常に複雑である．そのため，ここでは後者の例で推奨されるウォーキング，サイクリング，スイミングといった比較的取り組みやすい有酸素運動による運動プログラムの作成の手順や注意点などについて示す．

　具体的な運動内容の決定には FITT の原則が参考になる．なお，1 つの運動の内容を決定し，次にどのような頻度で実施するかという順で，運動様式（T；type of exercise），運動強度（I；intensity），運動時間（T；time or duration），運動頻度（F；frequency）の順に説明する．この 4 つの項目の内容を決めることにより運動プログラムが完成する．

① 運動様式（T；type of exercise）

　どのような運動を実践するかを決めなければならない．長く継続できる運動様式を選ぶことは重要である．運動様式は運動種目として理解しても構わない．歩く，走る，泳ぐといった基本的

な運動からゲーム的な要素を含むスポーツやダンスなどまで多岐にわたる．様々な運動様式から各自が実践する運動様式を決めなければならないが，本書では生活習慣病の予防や改善に適した有酸素運動の範囲から運動様式を選ぶことを前提とする．

運動様式の選択において，実践者の運動の好み，運動経験，また運動環境（運動施設が利用しやすい場所にあるか）などの個人の諸条件は考慮されるべきである．家族や友人と一緒に体力・健康づくりのための運動実践を始めるケースもあるかもしれないが，実践していて楽しくない運動や運動施設への移動が負担になるような場合は継続が難しく現実的ではない．

体力・健康づくりのための有酸素運動として選ばれる運動様式には共通点がある．ウォーキング（歩行），ジョギング（走行），スイミング（水泳），サイクリング（自転車走行），ローイング（漕艇）などが選ばれることが多い．いずれも屋外と屋内の両方で実践可能な運動様式であるが，これらの運動様式の共通点の1つは同じ動作が反復することである．反復動作による運動様式は次の運動が予測できるため安全性が高く比較的長い時間継続できる．

運動様式の決定の例として，運動不足により体力水準が低下したこと，特別な運動用具を必要としないことなどからウォーキング（歩行）を選択するケースがあるであろう．また，近隣にサイクリング専用のコースが整備されており運動環境に恵まれ，さらに好みの運動であることからサイクリングを運動様式として選ぶこともあるであろう．いずれの例も実践者の条件に応じて運動様式が決定されており無理のない運動の継続が期待できる．

② 運動強度（I；intensity）

どの程度の強さの運動をするのかを決めなければならない．運動強度が適切でないと，つまり，高すぎると安全性が確保できない，また低すぎると効果が得られない．

運動強度を表す指標は複数ある．運動前後や運動中の心拍数から運動強度を知る指標には，最大心拍数の相対値（%HRmax；%heart rate maximum），心拍数予備能（%HRR；%heart rate reserved），自覚的運動強度（RPE；rating of perceived exertion）などがある．安静時の心拍数や実践者の年齢に応じた最大心拍数を基準として相対的な運動強度を知ることができる．心拍数は，最近はデバイスなどで確認することもできるが，1分間当たりの脈拍数をカウントすることにより簡単に計測でき，運動中の運動強度の確認に利用できる．心拍数から運動強度を知る各指標の概要（算出式など）は以下の通りである．

%HRmax ＝（運動時心拍数÷最大心拍数）× 100
計算が簡単である．ただし，低い心拍数のレベルでは正確性が低くなる．

%HRR ＝｛（運動時心拍数－安静時心拍数）÷（最大心拍数－安静時心拍数）｝× 100
運動によって変化する心拍数の範囲内における相対的な強度を示すものである．
最大酸素摂取量の相対値との対応関係が高い．

RPE ＝自覚する運動の強さと対応する数値の 10 倍が心拍数に相当する
計測器を必要としないため水中運動やコンタクトスポーツ中などでも確認できる．

例えば「ややきつい (13)」と感じる場合は心拍数が 130 拍 / 分程度であると推測できる.

　運動によりどの程度のエネルギーを消費するのかを理解しやすい運動強度の指標には，METs（メッツ；metabolic equivalent），RMR（relative metabolic rate），kcal/ 分などがある. 運動実践の目的が，例えば，運動不足による蓄積された余剰なエネルギーの消費を目的とする場合や体重を適正範囲に戻したい場合には，消費するエネルギーを具体的に確認できる運動強度は便利である. 各指標の概要（算出式など）は以下の通りである.

　METs（メッツ）＝運動時のエネルギー消費量 ÷ 安静時のエネルギー消費量
　安静時の何倍に相当するエネルギーを消費するかで運動強度を示す指標である.
　例えば，安静時（座位）の場合は 1METs（メッツ）になる.

　RMR ＝｛（運動時のエネルギー消費量）－（安静時のエネルギー消費量）｝÷基礎代謝量
　安静時に比べて運動により余分に消費するエネルギー量を示す運動強度の指標である.
　RMR が 3 の場合，1 分間当たり余分に 3 kcal 消費する運動であることを意味する.
　RMR の数値は kcal/ 分の数値に相当する（RMR3 ≒ 3 kcal/ 分）.

kcal/ 分
文字通り 1 分間当たりの必要エネルギー量を示すものである.
消費するエネルギー量から運動強度を知る指標として利用できる.

　RMR と METs（メッツ）は対応関係にあり，その関係は以下の通りである. 運動強度が METs（メッツ）あるいは RMR のみでしか確認できない場合，双方の値を算出することができる. 例えば，5METs（メッツ）は RMR4.8 に相当する.

　　RMR ＝ 1.20 ×（METs － 1）　　　　METs ＝ 0.83 × RMR ＋ 1

　METs（メッツ）と運動によるエネルギー消費量 (kcal) の関係は，以下の通りである. 運動中の運動強度（METs），運動実践者の体重，運動時間がわかれば，消費されるエネルギー量を推定できる. 例えば，5METs の運動を体重 60 kg の人が 30 分間（0.5 時間）実施すると運動により消費されるエネルギー量は 150 kcal と推定できる.

　　運動によるエネルギー消費量 (kcal) ＝ METs ×体重 (kg) ×運動時間 (h)

　運動強度は，運動プログラム作成の基本条件を満たすことを前提に，運動実践者の年齢・性別，体力水準，健康状態などを十分に考慮して決定されなければならない.
　様々な身体活動や運動の METs（メッツ）で表示された運動強度は，国立健康・栄養研究所作成「改訂版 身体活動のメッツ（METs）表」で確認することができる〔➡調べる⑦（再）〕. この

表 V-3-1　運動例と METs・RMR

運動様式	運動の内容や条件など	METs	RMR
ウォーキング（歩行）	散歩	3.5	3.0
	4.0 km/ 時（平らで固い地面）	3.0	2.4
	6.4 km/ 時（平らで固い地面 / とても速い）	5.0	4.8
	通勤や通学	4.0	3.6
	競歩	6.5	6.6
ランニング（走行）	6.4 km/ 時（107.3 m/ 分）	6.0	6.0
	11.3 km/ 時（187.7 m/ 分）	11.0	12.0
	17.7 km/ 時（295.0 m/ 分）	16.0	18.0
	22.5 km/ 時（375.4 m/ 分）	23.0	26.4
	クロスカントリー	9.0	9.6
サイクリング（自転車走行）	16.1 km/ 時未満（レジャー・通勤・娯楽）	4.0	3.6
	19.3-22.4 km/ 時（レジャー・ほどほどの労力）	8.0	8.4
	22.5-25.6 km/ 時（レース・レジャー・速い・きつい労力）	10.0	10.8
	自転車に乗る（モトクロス用自転車）	8.5	9.0
	一輪車に乗る	5.0	4.8
水上・水中活動	水中歩行（楽な労力・ゆっくり）	2.5	1.8
	水中ジョギング	9.8	10.6
	平泳ぎ（レクリエーション）	5.3	5.2
	アクアビクス（水中体操）	5.5	5.4
	シュノーケリング	5.0	4.8
ダンス	バレエ（モダン・ジャズなど）	5.0	4.8
	エアロビックダンス	7.3	7.6
	民族舞踊や伝統舞踊（フラダンス・フラメンコなど）	4.5	4.2
	社交ダンス（ゆっくり）	3.0	2.4
	一般的なダンス（ディスコ・フォークなど）	7.8	8.2
スポーツ	ボウリング	3.0	2.4
	ゴルフ	4.8	4.6
	フリスビー（フライングディスク）	3.0	2.4
	バスケットボール	6.5	6.6
	バレーボール	4.0	3.6
	卓球	4.0	3.6
	テニス	7.3	7.6
	乗馬	5.5	5.4
	縄跳び（ゆっくり・毎分 100 ステップ未満・両足跳び）	8.8	9.4
	太極拳・気功	3.0	2.4

〔「改訂版 身体活動のメッツ（METs）表」掲載値を参考に著者作表（RMR などを算出）〕

値から RMR に換算するなどして実践者が利用しやすい運動強度の指標を利用することができる．表 V-3-1 は，「改訂版 身体活動のメッツ（METs）表」から，いくつかの運動例を抜粋し，対応する RMR を算出して併記したものである．

【調べる⑦】様々な身体活動や運動の強度を調べる（再）

身体活動のメッツ表　　　　　　　検索

推奨される運動強度の範囲は，%HRmax では 60 〜 90%（%HRR では 50% 〜 85%）の範囲である．運動実践者の状況により異なるため個別性に注意して運動強度を決定しなければならない．例えば，日常生活において座業が多く運動習慣が無い場合や体力水準が低い場合は 60 〜 70%HRmax の運動強度から始めることが適当である．一方，既に運動習慣があり高強度の定期的な運動を実践しているような場合は，90%HRmax 程度まで運動強度を上げることは可能であるが，身体への負担度に応じて調整されなければならない．

③ 運動時間（T；time or duration）

どのくらいの間運動するかを決めなければならない．運動実践に費やすことができる時間は実践者の生活スタイルなどに応じて異なり制限があることもある．時間に余裕が無い状況で無理して運動を実践しようと試みても長続きしない可能性がある．

運動時間は，個人の諸条件に応じて決めることで問題ないが，有効性の条件を満たすためには，有酸素運動の場合は 20 〜 30 分以上の運動時間であることが好ましい．なお，運動に費やす時間に比較的余裕がある場合で，また運動により消費したいエネルギー量が決まっていれば運動量と運動強度から必要な運動時間を以下の式で計算することができる．

運動時間（分）＝運動量（kcal）÷運動強度（kcal/ 分）

例えば，1 回の運動実践で 200 kcal のエネルギーを消費したい場合，選んだ運動様式の運動強度が 5 kcal/ 分であったとすると 40 分間の運動時間が必要である．一方，通学や通勤で歩く時間が例えば 28 分であれば，その時間を運動強度などに注意して運動する時間とするのであれば 10 分単位や 5 分単位で運動時間を決める必要はない（運動時間を 28 分として問題ない）．

④ 運動頻度（F；frequency）

1 週間にどのくらいの頻度で，またどの程度の間隔で運動を反復して実施するのかを決めなければならない．運動頻度は実践者の生活リズムを優先して決定されるべきである．

効果が得られると考えられる運動の頻度の決定には，図 V-3-3 に示す運動の効果と疲労の蓄積の関係が参考になる．図 V-3-3 における (a) の週 1 回の運動実践の場合，効果は蓄積せず疲労は毎回残る．(b) の 3 日に 1 回の運動実践の場合，効果は蓄積するが十分ではない．(c) の 2 日に 1 回の運動実践の場合，効果は十分に蓄積し疲労も徐々に減少することが理解できる．これらの関係から週 3 日から 4 日以上の頻度は十分に効果が得られると考えられる．

なお，反復性の基本原則に注意しなければならない．反復性の原則は定期的に反復しなければ効果が得られないことを示すものであり，一時的・集中的な運動頻度では効果が期待できない．例えば，週 3 回の運動実践の計画であるが，月曜日から水曜日まで 3 日間連続して運動する場合は，木曜日から日曜日までの間の 4 日間は運動しないため効果の蓄積がなされず十分な効果は得られない．間隔は長くても 2 日間の計画で運動を継続すべきである．一方，毎日運動することも可能であるが，運動様式によっては疲労が蓄積することがあるため注意が必要である．運動実践の合間に心身を休ませる日も必要である．

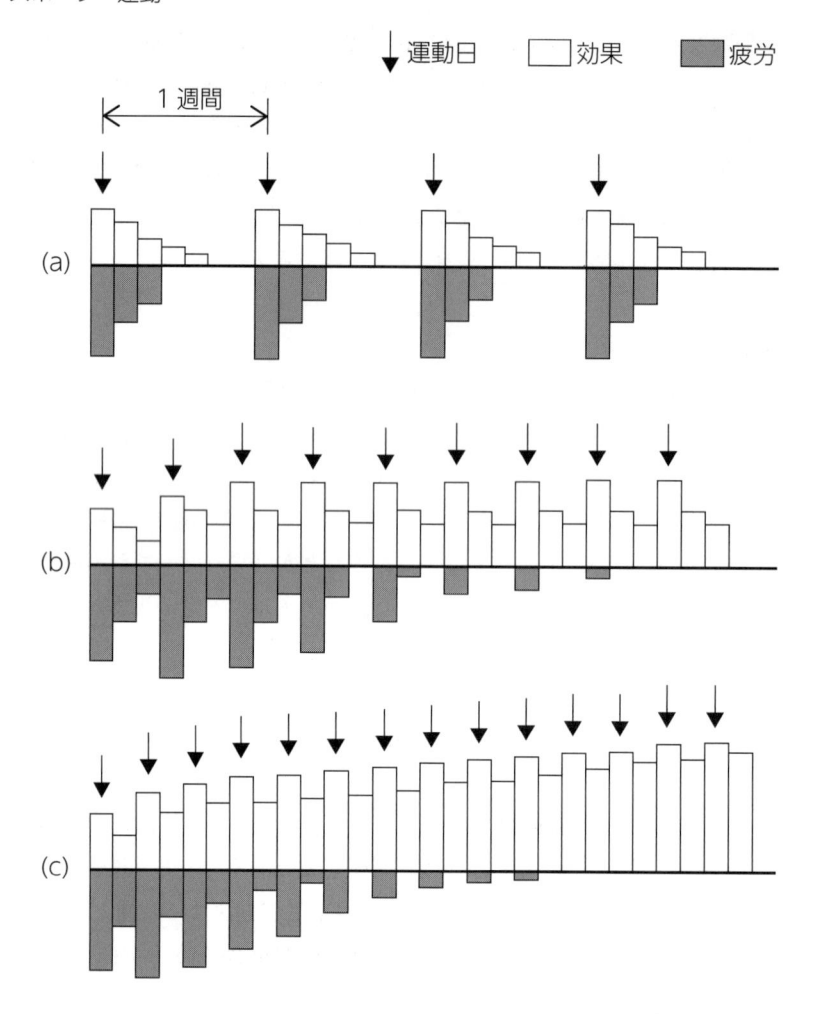

図 Ⅴ-3-3　運動頻度別の効果と疲労の関係（池上「運動処方入門」山海堂, p.125, 2002）

　また，具体的な運動実践日を考えると，2日に1回の運動頻度は上記の通り効果が十分に得られる頻度ではあるが，現実的には実施が困難な場合がある．つまり，週単位で生活している我々にとって同じ曜日に仕事（アルバイト）や大学などの講義受講の予定が入っていることがあり，実践者の生活リズムに合わせて運動実践の頻度を具体的に決める場合は，実施する曜日まで決め，効果が得られる頻度でかつ効果が得られる間隔であることの確認が必要である．

＜文献・資料＞

1) American College of Sports Medicine 編集，日本体力医学会体力科学編集委員会監訳「運動処方の指針－運動負荷試験と運動プログラム－（原書第8版）」南江堂，2011.

2) 池上晴夫「［新版］運動処方－理論と実際－」朝倉書店，1996.

3) 池上晴夫監修「運動処方入門」山海堂，2002.

4) 国立健康・栄養研究所「改訂版 身体活動のメッツ（METs）表」
https://www.nibiohn.go.jp/eiken/programs/2011mets.pdf，2012.

V-4　ニュースポーツの実践

　運動の必要性は理解しているが，運動計画を立ててコツコツと体重減少や効果の有無を確認しながら運動するのは少し苦手な人もいるのではないであろうか．運動不足の解消が目的ならば，友人や家族などと定期的に集まりスポーツを楽しむことで同じ目的を達成することができる．また，スポーツを楽しむことは気分転換にもなり心理的な良い効果が期待できる．それでは，体力・健康づくりのために，どのようなスポーツを実践したらよいのであろうか．
　スポーツの種類は，競技スポーツからニュースポーツまで色々ある．生涯にわたり競技スポーツを実践することもできるが，今後の体力・健康づくりのためにニュースポーツの実践も選択肢の1つとして考えられるため，ニュースポーツの特性について理解が必要である．

4.1　ニュースポーツとは

　今後，運動不足の解消のため運動実践の必要性は増すと予想される．例えば，中高年者になった頃，久しぶりにスポーツを実践しようとする場合，どのようなスポーツを選ぶであろうか．学生の時に課外活動で運動経験のある競技スポーツを選ぶ人もいるかもしれないが，体力・健康づくりのためには競技スポーツではないスポーツが選ばれる傾向にある．

　社会に出てからスポーツを楽しもうとする場合，一緒にスポーツを楽しむ仲間は，友人や会社の同僚であったり家族であったりで，好きなスポーツや年齢が異なる場合がある．このような状況で選ばれるのがニュースポーツである．ニュースポーツは，類似の表現として生涯スポーツ，軽スポーツ，レクリエーションスポーツなどと呼ばれることもある．

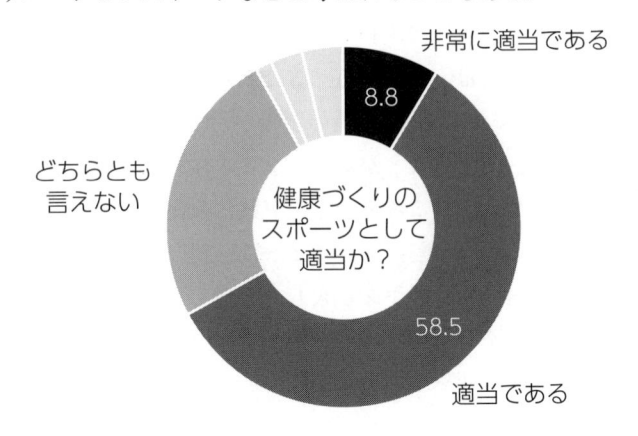

図 V-4-1　フライングディスクの教材としての特性

(村瀬「フライングディスクの大学体育における教材としての特性」愛知大学体育学論叢，1998)

　ニュースポーツの1つにフライングディスクという種目があるが，このニュースポーツの授業に参加した学生の調査結果では，参加者の3分の2以上が健康づくりのためのスポーツとして適しanteと回答している（図 V-4-1）．ニュースポーツの実践が奨励される．

① ニュースポーツ

　ニュースポーツという表現から新しいスポーツと理解できるが，数年前に考案されたものから現在競技スポーツとして認知されている近代スポーツと同じ程度の歴史があるスポーツもある．定義はいくつか示されているが，ニュースポーツとは「必ずしも歴史が浅いスポーツではなく，競技中心に発展してきた競技スポーツとは異なる新しい考え方のもとに考案され実践されるスポーツである」と理解できる．競技スポーツの考え方には勝たなければならないといった勝利至上主義的な考え方が優先されることがあるが，ニュースポーツでは必ずしも勝つことが優先されない．この点は競技スポーツとは異なる新しい考え方の１つである．

　ただし，当初はニュースポーツとして考案されたが，現在では世界大会が開催されている種目も多い．実践方法や取り組み方により区別が必要である．本書では，以下の条件を満たすような実践方法で楽しむ場合のスポーツがニュースポーツに相当すると考える．

② ニュースポーツの条件

　ニュースポーツの条件として考えられる内容には，勝利にこだわらない，誰でも手軽にできる，楽しむことができるなどが挙げられる．実践において注意が必要である．

　「勝利にこだわらない」ことについては，多くのニュースポーツの実践において勝敗を競う場面が多いため実践方法において注意すべき点である．勝敗を決めることは次のゲームでは勝ちたいという動機づけを高めることや上手になりたいというスキル（技能）の向上につながるため悪いことではない．いずれも運動を継続するためのプラスの要因である．勝者と敗者やスキルの差についても実践者同士で認め合えるような実践であることが好ましい．また，勝敗を重視すると，例えば，トーナメント戦の１回戦で負けた場合は運動の機会は限られ，決勝戦に進んだ場合は運動の機会が多くなり身体活動量に差が出る．参加者のゲーム数に差が出ない総当たり戦やコンソレーションマッチ方式を採用し，勝敗は決めるものの体力・健康づくりのための身体活動量の確保に重点を置いてニュースポーツは実践されるべきである．

　「誰でも手軽にできる」ことについては，２つの要素が含まれているが，「誰でも」については，年齢・性別などに関係なく実践できることが条件になる．体力水準や技能水準に現実的には年齢差や男女差は生じるかもしれないが，これらの差が実践において大きく影響しないように工夫されているニュースポーツが多い．年齢差に関しては，孫，親，祖父母などの異年齢でも楽しむことができる．また，健常者と何らかの障害がある人も一緒に楽しめるように工夫されているニュースポーツも多い．体力・健康づくりは全ての人がめざす目標である．色々特性が異なる仲間たちとも楽しむことができるのがニュースポーツである．

　２つ目の「手軽に」については，ニュースポーツには既存のスポーツ用具（ボール，ネットなど）や施設・コートなどを代用して実施できる種目も多い．用具が共通していれば新しく購入する必要はない（最低限の用具購入で済む）．専門の用具が必要になる場合もあるが，全国的に市販されている用具は入手しやすい．また，既存の施設やコートが代用できれば，専用の施設やコートがある体育施設まで移動する必要はない．コートの大きさについても，ニュースポーツの考案のヒントとなった元の種目では大きなスペースを必要とするが，それより狭いスペースで類似するニュースポーツの実践ができると，人数が少なくても楽しむことができることや実践機会が増え

るといったメリットがある．既存のスポーツとルールが類似していることも実践者にとっては「手軽に」実践できるといったメリットになる．

　「楽しむことができる」については，スポーツにおける楽しみは様々であるが，仲間たちとニュースポーツを楽しむことにより次回も運動したいという気持ちが生じるようなスポーツがニュースポーツの条件を備えていると考えられる．勝利にこだわるあまりゲームを終えたらストレスが生じるような場合は，楽しむことができているとは言えない．ニュースポーツの実践を通して運動場面以外の場でも仲間と良好な関係が構築できることは好ましい．

4.2　ニュースポーツの実践と健康

　ニュースポーツの実践と健康づくりとの関係については，他のスポーツや運動を実践する場合と同様に，ニュースポーツの実践からも色々な効果が期待できる．例えば，世界保健機関（WHO）が定義する理想的な健康状態の実現が期待できる（図 V-4-2）．

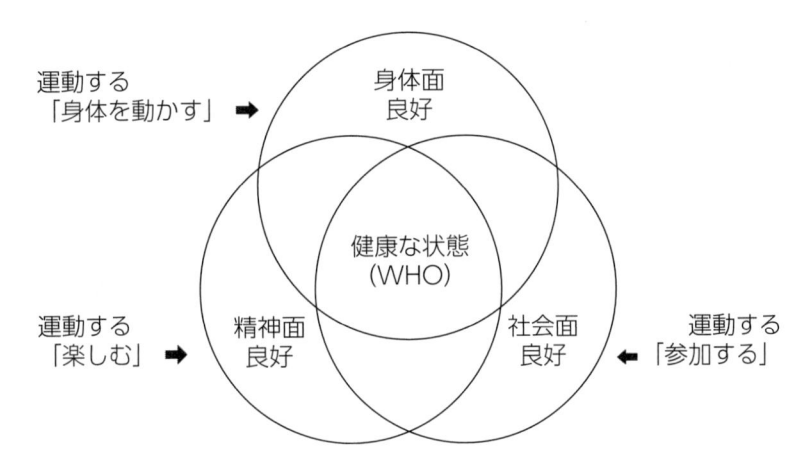

図 V-4-2　ニュースポーツの実践と健康との関係

（庄司・秦・村瀬「健康スポーツと環境」不昧堂出版，p.131，2006）

　ニュースポーツの実践により適度な運動強度で身体を動かすため身体面における良好な状態が得られることが期待できる．ニュースポーツを楽しむことはストレス解消や気分転換になり精神面における良好な状態が得られる．また，ニュースポーツの多くは集団で実践する種目が多いため，参加することにより人と人が関わる機会となり実践仲間との良好な関係が構築できる．つまり，社会面における良好な状態が得られることが期待できる．

4.3　ニュースポーツの選択

　ニュースポーツの種類は非常に多い．また，新しいニュースポーツも常に考案されている．そのため，実践したいニュースポーツの選択において迷ってしまう可能性がある．基本は，実践してみたいという実践者の興味関心を優先して選択することで問題ないが，以下に多くのニュースポーツから実際に実践するニュースポーツを選択する際のポイントを示す．

① 興味・関心の程度

　テレビ，新聞，書籍，WEBサイト，SNSなどからニュースポーツを知る機会がある．文字や写真だけではなく動画でも運動特性を確認することができる．これらの情報から興味が湧き関心の程度が高いニュースポーツを選ぶことは自然な流れである．しかし，今までに経験したことのない新しいルールのスポーツである場合や実践できる運動施設が近隣に無い場合，また実践に必要な詳しい運動内容についての情報源が少ない状況では実際の実践は難しい．実践者をとりまく運動環境なども考慮して選択がなされるべきである．

② 運動経験

　ニュースポーツの多くは，考案の原型となるスポーツがあることが多い．例えば，バレーボール型のニュースポーツは，ボールの大きさや硬さ，また人数やコートの大きさなどを変更してニュースポーツとして実践されているものがある．この例では，バレーボールの経験者は運動特性やルールを理解しており，また必要なスキルの基本的な習得ができている可能性がある．つまり，類似の運動経験があることは取り組みやすいと考えられる．全く新しい種目に挑戦することも問題ないが，運動経験はニュースポーツ選びのポイントになる．

③ 運動環境

　ニュースポーツには，原型となるスポーツでは広いスペースを必要とするが，実践しやすいように比較的狭いスペースでも実践できるようにコートの大きさを工夫した種目がある．一方で，ゴルフ型のニュースポーツは多く，実践には広いスペースや平坦な場所が必要になることが多い．種目に応じた実践可能なスペースを確保できるなど運動環境が整っていることは継続した実践を可能にする．また，必要な運動用具の貸し出しがあるなどの実践者が手軽に運動できる環境があることもニュースポーツ選びのポイントの１つである．

④ 地域性

　ニュースポーツには発祥の地が明らかになっている場合が多く，考案された地域でニュースポーツの普及に力を入れている場合がある．例えば，グラウンド・ゴルフは，鳥取県東伯郡泊村（現湯梨浜町）において文部省の生涯スポーツ活動推進事業により考案され全国で普及している．地域で活発な普及活動がなされている場合，指導者が多く定期的な講習会などの開催により，ニュースポーツの運動特性やルールを正しく理解することができる環境が整っていることがある．また，そのような地域には専用の運動施設も多く用具なども揃っている可能性が高い．地域性を考慮することは手軽にニュースポーツを始めるためのポイントである．

4.4　ニュースポーツの紹介

　前述の通り，ニュースポーツの種類は非常に多い．全てのニュースポーツを紹介することはできないが，ニュースポーツの運動特性やルールにおける共通点などを理解することは，今後実際に実践する場合の参考になると考えられる．以下に，カテゴリーに区分して，いくつかのニュースポーツの概要を紹介する．詳しいルールや他のニュースポーツについては，書籍などの関係資

料や関係する協会や団体の HP などで調べることができる.

① ゴルフ型

ターゲット・バードゴルフ

　ターゲット・バードゴルフは,埼玉県を発祥の地とするゴルフ型のニュースポーツである.この種目の普及に教育委員会(川口市)が協力した点が珍しい.狭い場所でもゴルフの練習はできないかという発想のもとに考案され,校庭や室内などの狭い場所でも実践できるように工夫されている.ゴルフ用のピッチングウェッジなどのクラブを利用する(パターは利用しない).その他の用具(写真 V-4-1)には,遠くへ飛ばないように工夫されたバドミントンのシャトルのような羽根のついたボール(合成樹脂製),傘を上下逆にしたような形状のアドバンテージホール,セカンドホール,スイングマットなどが必要である.アドバンテージホールに入るまでの打数を競って楽しむが,アドバンテージホールではなく,その下のセカンドホール(フープ)内にボールが入った場合は打数を1打加えてホールインとする.フルスイングしても飛距離がそれほど長くならない.また,多くのゴルフ型のニュースポーツはボールを転がすことが多いが,ターゲット・バードゴルフではボールを打ち上げる点が他と異なる.ゴルフのアプローチの練習も兼ねて実践できるという特徴がある.

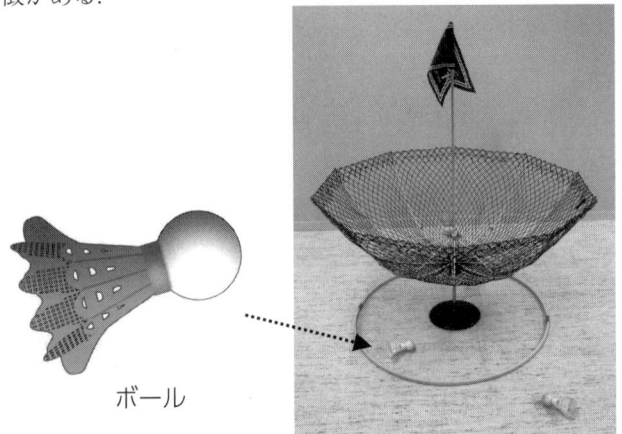

ボール

写真 V-4-1　ターゲット・バードゴルフのホールやボールなど〔著者撮影〕

グラウンド・ゴルフ

　グラウンド・ゴルフは,鳥取県東伯郡泊村(現湯梨浜町)を発祥の地とするゴルフ型のニュースポーツである.ゴルフ型のスポーツでは穴型のホールを必要とすることがあるが,グラウンド・ゴルフでは穴を掘ってホールを作る必要はなく,ゴールポストを置くことで簡単にコースを作ることができる.ボールを打って転がすことでプレーができるため,小学生から高齢者まで一緒に楽しむことができる.また平坦な場所にコースを作るため車いすを利用しながら実践することも可能である.打数を競って楽しむが,空振りは打数に数えないことやホールインワンの場合は合計打数から3打マイナスとするなどルールが工夫されている.文部省(当時)の生涯スポーツ活動推進事業により考案され全国的に普及したことにより用具が入手しやすい.必要な用具は,ゴールポストの他,クラブ,ボール,スタートマット(写真 V-4-2)などである.クラブとボールの

カラーが一緒になっており自分のボールを間違えることが無いように工夫されている．地面や床面を傷つけることが無いようにスタートマットを利用する．

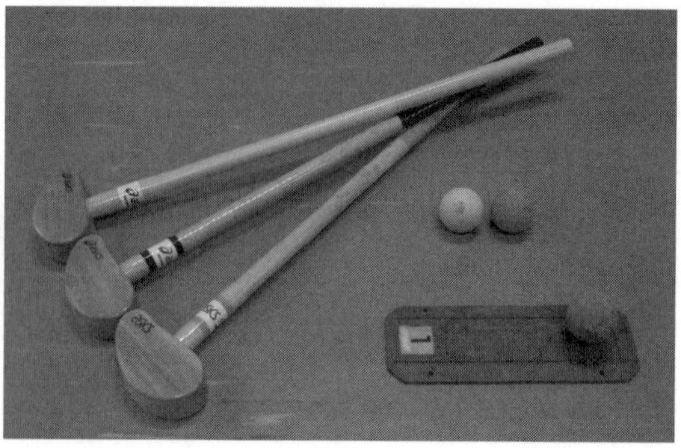

写真 V-4-2　グラウンド・ゴルフのクラブ，ボール，スタートマット〔著者撮影〕

その他のゴルフ型のニュースポーツには，ボールを転がすマレットゴルフ，パークゴルフ，ゲートボールなどやフライングディスクを投げるディスクゴルフなどがある．

② バレーボール型

ソフトバレーボール

ソフトバレーボールは，ビーチボールやゴムボールなどを利用して様々なルールで実践されていたバレーボール型のスポーツを日本バレーボール協会普及部がルールや用具を統一して考案したものである．バレーボールコートより狭いバドミントンのダブルスのコートで，バドミントンの支柱，ネットを代用してコートを作ることができるため実践できる体育館などが多い．バレーボールよりも大きく柔らかいボール（写真 V-4-3）を利用し 1 チーム 4 名でゲームを楽しむ．ルールは，6 人制や 9 人制のバレーボールと類似しているため，バレーボールの運動経験がある人は取り組みやすい．アタックラインが無く全員がアタックできる，ネットの高さはバレーボールより低く 2 m であり，またボールが柔らかいためパスがしやすいことなどから，バレーボールの初心者も楽しめる．他のバレーボール型のニュースポーツには，利用するボール，ルール，人数が異なるレクリエーションバレーボールなどがある．

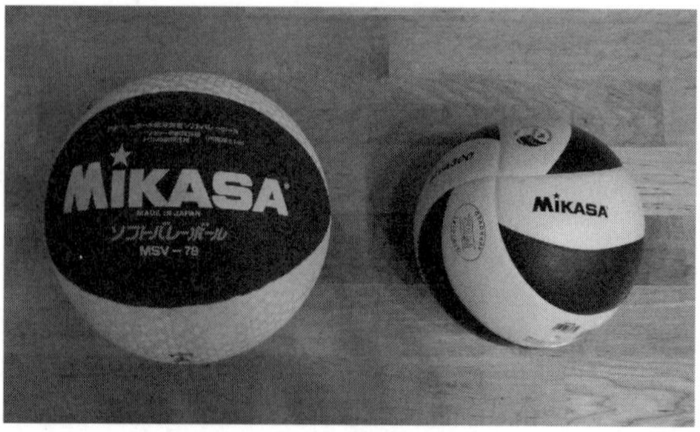

写真 V-4-3　ソフトバレーボール（左）とバレーボール〔著者撮影〕

インディアカ

インディアカは，バレーボールのようなボールは利用しないが，ルールがバレーボールに似ているためバレーボール型のニュースポーツとして紹介する．

インディアカは，ブラジルのペテカの用具に改良を加えてドイツで考案されたスポーツである．1チーム4名でバドミントンのシャトルに似た形状の羽根が付いたボール（インディアカまたはインディアカボールと呼ばれる；写真 V-4-4）を直接手で打ち合ってゲームを楽しむ．バドミントンのダブルスのコートと同じ大きさのスペースで，バドミントンの支柱，ネットを代用してコートを作ることができるため実践できる体育施設は多い．羽根が付いたインディアカ（インディアカボール）があれば手軽にゲームを楽しむことができる．ネットの高さはスキルのレベルや条件により異なる（185 cm, 200 cm, 215 cm）．ルールは，バレーボールと類似しており，サーブ，レシーブ，トス，アタックの技術を利用し3回で相手コートへ返球する．バレーボールの運動経験がある人は取り組みやすいニュースポーツである．

専用のラケットが必要であるが，インディアカ（インディアカボール）をラケットで打ち合うインディアカテニスも考案されており，ニュースポーツとして実践できる．

写真 V-4-4　インディアカ（インディアカボール）〔著者撮影〕

③ ラケットスポーツ型

バウンドテニス

バウンドテニスは，ラケットボールを参考に日本で考案されたラケットスポーツ型のニュースポーツである．名称は，弾む（バウンド）と限られたスペースでできる（バウンダリー）の2つの言葉に由来しており，限られたスペースで実践できるニュースポーツの条件が名称に含まれている．コートの大きさは，テニスコートの約6分の1程度であるため室内で実践できる（大会では床に人工芝のシートを敷く）．ゲームを楽しむためには専用の用具（写真 V-4-5）が必要である．年齢段階別にカテゴリーが設けられており高校生から高齢者まで年齢段階に応じたレベルで楽しむことができる．また，シングルスとダブルスのゲーム形式の他，1分間に何回ラリーが続くかを競う楽しみ方も提案されている．ルールは，テニスと類似しているため，テニスやソフトテニスなどのラケットスポーツの運動経験がある人は取り組みやすい．しかし，サービスは腰の高さより低い位置でアンダーハンドにより打つことやネットの高さは 50 cm で低いことから，ラケットスポーツの初心者も楽しむことができる．

写真 V-4-5　バウンドテニスのラケットやボールなど用具一式〔著者撮影〕

ラージボール卓球

　ラケットボール型のスポーツには卓球がある．卓球は比較的広い年齢層，つまり，幼児から高齢者まで，また男女でゲームを楽しむことができるため，卓球は体力・健康づくりのスポーツとして実践できる．しかし，スキルの差があると，例えば，サービスやスマッシュが上手な経験者の相手とは初心者はゲームを楽しむことができないことがある．

　ラージボール卓球は，卓球を始めた子どもたちのラリーが続かず卓球を継続する動機づけが落ちることが無いように幼児から高齢者までが楽しむことができるボールを開発し，日本卓球協会が考案したスポーツである．ボールは卓球ボールより直径が 4 mm 大きく（写真 V-4-6），重さは卓球のボールより軽い．またネットは卓球のネットより高い．卓球台は同じであるため実践できる体育施設は多い．通常のラケットでも楽しめるが，ラージボール卓球の大会では，表面に貼られるラバーは粒高でない表ソフトラバーに限られる．ネットが少し高いため，またボールが高く弾み打たれたボールのスピードも遅いため，強く打たれたボールを打ち返すことが比較的簡単であり，ラリーを長く続けることができるという特徴がある．卓球の運動経験がある人は取り組みやすいが，経験のない初心者も経験者とゲームを楽しむことができる．

写真 V-4-6　卓球ボールとラージボール卓球のボール（右）〔著者撮影〕

　その他のラケットスポーツ型のニュースポーツには，ラケットを利用するパドルテニス，エスキーテニスやスポンジボールを素手で打ち合うタスポニーなどがある．

④ ディスクスポーツ型

ディスクゴルフ

　フライングディスクを利用するスポーツは複数考案されているが，その中にディスクゴルフがある．ゴルフ型ではあるが，ディスクスポーツ型のニュースポーツとして紹介する．

　ディスクゴルフはアメリカで考案されたスポーツである．林間で立ち木やウォーターハザードなどがあるコースでチェーンの付いたディスクゴルフ用のゴールにディスクを入れるまでの投数を競うスポーツである．ディスクゴルフ場でない場合，グラウンドなどに専用のゴールを置いてコースを作りゲームを楽しむことができる（写真 V-4-7）．

写真 V-4-7　学生がディスクゴルフを楽しんでいる様子〔著者撮影〕

　ディスクゴルフ場では自然を感じながら実践することができる．またアップダウンのあるコースを回ることによりディスクを投げる場面以外でも適度な身体活動になる．ディスクの基本的な投げ方を習得する必要があるが投げ方は難しくない．ディスクは投げても転がしてもよい．また風向きなどの条件も常に変化するため，毎回同じコースを違ったアプローチで楽しめる．ディスクは1枚でもゲームを楽しむことはできるが，大会などでは状況に合わせてティースロー用，アプローチ用，パッティング用のディスクを使い分けると，より正確にアプローチすることができる．小学生から高齢者まで一緒に楽しめるニュースポーツである．

ドッヂビー（ディスクドッヂ）

　ドッヂビーは，ディスクスポーツの1つであるが，利用するディスクはプラスティック製ではなく柔らかい素材のソフトディスク（写真 V-4-8）である．フライングディスク競技はアメリカで生まれたが，ドッヂビーは日本で考案されたスポーツである．ソフトディスクには色々な大きさがあるがドッヂビーでは直径 27 cm のディスクを利用する．ルールの基本はドッジボールと同じであるため，ドッジボールを楽しんだ経験がある人は取り組みやすい．バレーボールのコートを利用してゲームを楽しむことができるため実践できる体育施設は多い．また，ソフトディスクを利用するため，ドッジボールに比べると怪我が少なくディスクは捕りやすい．小学生から中高年者まで，例えば，親子の混合チームでも楽しめる．

写真 V-4-8　色々な大きさのソフトディスク（ドッヂビー用：右）〔著者撮影〕

　その他のディスクスポーツ型のスポーツには，アルティメットやガッツなどがあるが，競技として発展している種目もあり実践方法には注意が必要である.

⑤その他のニュースポーツ

ピロポロ

　ホッケー型のニュースポーツは少ないが，ピロポロはホッケーの経験がない人でもスポンジ製のボールとスティック（写真 V-4-9）を利用して安全に楽しむことができるアメリカで考案されたニュースポーツである．用具が必要になるが，室内で楽しむことができるため実践できる体育施設は多い．スティックは腰より上に振り上げてはいけない．また空中にあるボールを打ってはいけない．ゴールを置くがゴールキーパーがいないのが特徴である.

写真 V-4-9　ピロポロのスティックとボール〔著者撮影〕

ネットボール

　バスケットボール型のニュースポーツは複数考案されているが，原型のバスケットボールでは経験者と未経験者が一緒にプレーするとスキルの差から楽しめないことがある.
　ネットボールは，ルールを改良し，スキルの差がある場合でもゲームを楽しむことができるようにルールが工夫されたニュースポーツである．バスケットボールが考案された数年後に考案されたと伝えられている．ネットボールの特徴の1つは，1人のプレーヤーが動くことができる範囲が決められていることである．そのため，プレーヤーが1カ所に集中することがなく，また得意なポジションでプレーを楽しめる．範囲が決まっていることから過度な運動強度にならない．小学生から中高年者まで楽しむことができるニュースポーツである.

ティーボール

野球・ソフトボール型のニュースポーツは複数考案されているが，原型の野球やソフトボールでは，投手が優れたスキルを有していると，例えば，打者の三振が多くなり，攻撃する側も楽しめないだけではなく，守備側もボールを捕ったり投げたりする機会が少なくなる．

ティーボールは，投手のスキルに左右されないように，専用のティーの上のボールを打って楽しむニュースポーツである．ボールを打つことが簡単であるため，守備側もボールを捕ったり投げたりして守備機会を楽しむことができる．野球・ソフトボール型のニュースポーツは他にも考案されており，それぞれボールの大きさや硬さ（写真 V-4-10）やフィールドの大きさなどが異なる．正式ルールにこだわらず，狭い場所で楽しむ場合には遠くへ跳ばないボールを利用することや打つことが難しい場合にはティーや大きなボールを利用するなど，実践者のスキルに合わせて用具を選ぶこともできる．野球・ソフトボールの経験者と未経験者，また男性と女性，子どもと大人といった条件の違うメンバーでも楽しむことができる．

写真 V-4-10　野球・ソフトボール型のニュースポーツの各種ボール例〔著者撮影〕

室内ペタンク（ニチレクボール）

ペタンクは，フランスで考案されたターゲット型のスポーツである．原型となるスポーツは紀元前から実践されていたことが記録に残っている．もともとのペタンクは屋外で実践されることが多いが，ここでは室内で楽しむことができるペタンクについて紹介する．

室内ペタンク（ニチレクボール）は，目標とする標的球に向けて2チームがボールを投げ合い得点を競うターゲット型のニュースポーツである．専用の用具（写真 V-4-11）が必要であるが，体育館の他，多目的室などでも楽しむことができる．ルールを理解すれば，難しいスキルは必要としないため，小学生から高齢者まで一緒に楽しめるニュースポーツである．標的球を投げ6～10 m の範囲に止まったらゲームを始める．そのため，毎回違った距離でゲームを楽しむことができる点が特徴である．最後の1投で大逆転が起きることもあり，予想外の展開も期待しながら，投げる位置を色々と考えてゲームを楽しむことができる．

写真 V-4-11　室内ペタンク（ニチレクボール）の用具〔著者撮影〕

カローリング

　ターゲット型の氷上スポーツであるカーリングを原型とするニュースポーツがカローリングである．氷上スポーツは利用できる施設が限られるが，氷上でなくても同じようなルールで楽しめるように用具を開発し体育館などの床面を利用して楽しめるように工夫されたニュースポーツである．氷上ではバランスをとるスキルが必要で転倒のリスクもあるが，カローリングでは，その心配は無く子どもから高齢者まで楽しむことができる．

　カローリングは，カーリングのルールを参考に体育施設などの床面を利用して楽しめるように用具の開発がなされ考案されたニュースポーツである．名古屋市内のベアリング製造会社が床上でも摩擦なく進むように用具（ジェットローラ）を開発しゲームを楽しむことができるようになった．用具があれば，室内で楽しむことができるため実践できる体育施設は多い．1チーム3名でカーリングと同じようなルールで得点を競いゲームを楽しむ．

　最後の2種目に，いずれもターゲット型の室内ペタンク（ニチレクボール）とカローリングを紹介した．夏季パラリンピックの競技にも採用されており知名度が高いボッチャもターゲット型のスポーツであり室内ペタンク（ニチレクボール）とルールが似ている．また，車いすカーリングも冬季大会採用競技である．ターゲット型のニュースポーツは，公式ルールではなくても実践者に合わせて実践方法を工夫することで，多くの仲間と楽しむことができる．

　今回紹介したニュースポーツは数多く考案されている内の一例であるが，体力・健康づくりの実践に適したニュースポーツは多い．また，常に新しいニュースポーツが考案され話題になっている〔➡コラム〕．興味関心のあるニュースポーツが見つかったら，関係資料やWEBサイトの動画などで，それぞれの運動特性やルールなどについて調べてみよう．

<文献・資料>

1) 北川勇人編著「改訂 ニュースポーツ事典」遊戯社，2000.

2) 村瀬智彦「フライングディスクの大学体育における教材としての特性」愛知大学体育学論叢，7，1-7，1998.

3) 野々宮徹「ニュースポーツ用語事典」遊戯社，2000.

4) 清水良隆，紺野　晃「ニュースポーツ百科」大修館書店，1995.

5) 庄司節子，秦　真人，村瀬智彦「健康スポーツと環境」不昧堂出版，2006.

6) 髙橋　明監修「パラスポーツ事典 夏・冬のスポーツ28競技のルールと見どころがわかる！」メイツユニバーサルコンテンツ，2024.

■コラム■「話題のニュースポーツ」

　テレビや新聞（デジタル版を含む）などで，新しいスポーツの話題が取り上げられている．例えば，「ピックルボール」はアメリカでは実践者が非常に多く有名人もプレーしていることから話題になっている．アメリカ発祥のラケットスポーツ型のスポーツであるが，オフィス街の会社員の中で知名度が上がっている．比較的小さなコートを利用し，穴が空いた空気抵抗を受けやすいボールは打球速度が落ちるため簡単に打ち返すことができるなどの特徴がある．また，「ベースボール5」は世界野球ソフトボール連盟が普及活動を進めており80カ国以上でプレーされているが，国内の各地でイベントが開催され話題になっている．1チーム5人制で専用のボールがあれば他の道具は必要としない．自分でトスしたボールを打つため誰でもボールを打つことができる．それぞれの運動特性を理解し，また実践方法に注意して，興味関心のあるニュースポーツを楽しむことは運動継続のための動機づけを高める．

MEMO/NOTE

V-5　運動実践と環境

体力・健康づくりの基礎を理解し，計画段階では色々な情報を入手し，具体的な運動の内容も決まり準備が整ったならば運動実践の始まりである．運動様式にランニングを選んだ場合は，長い距離を負担なく走ることができるシューズがある方がいい．雨天や暑い日は室内でランニングマシン上を走ることもあるであろう．適したシューズや便利なマシンが開発されている．近くにジョギングコースや利用できる室内運動施設はあるであろうか．実際に運動を始めると，情報環境や物質環境などが運動の継続に貢献していることが実感できる．

体力・健康づくりの運動実践と諸環境の関与について理解することは，実践者の生活様式に適した運動環境の構築に役に立つため運動実践と環境の関係について確認する．

5.1　運動実践におけるアメニティ

運動実践と環境との関係について考える際に，人間と人間のかかわりを豊かにし，人間と自然とのかかわりも豊かにできるような豊かさの創出に向けた「アメニティ」という言葉をキーワードとした考察がなされている（庄司節子）．普段は余り気にすることがないかもしれないが，改めて運動実践と諸環境の関与について考える機会が必要である．

① アメニティ

アメニティ（Amenity）とは，一般には「心地良さ，快適さ，快適性」あるいは「生活や暮らしを便利に（楽に）するもの」などと訳される．運動実践におけるアメニティについて考えると「運動実践者の生活様式に適した運動環境が構築されていること」と理解することができる．運動実践者は長く運動を継続していくためにアメニティの確立が必要である．

② 運動実践に関与する環境

我々を取り巻く環境は様々である．運動実践とは直接関係のない環境もある．そのため，運動・スポーツの実践者（主体）と外界の情報環境，物質（文化）環境（以下，物質環境），社会環境，自然環境の4環境が相互に作用しながらアメニティの確立がなされるとするモデル（図V-5-1）を参考に運動実践に関与する具体的な諸環境について考える．情報環境，物質環境，社会環境，自然環境の4環境は，実践者を取り巻く環境であるが，一方では，4環境は相互に関わりがある．例えば，ランニングシューズやトレーニングマシンの開発という物質環境の関与と，そのことを周知するための情報環境は無縁ではない．また自然環境下での安全なアウトドア活動の実践には国や自治体の活動地域の整備が必要である（社会環境の関与）．

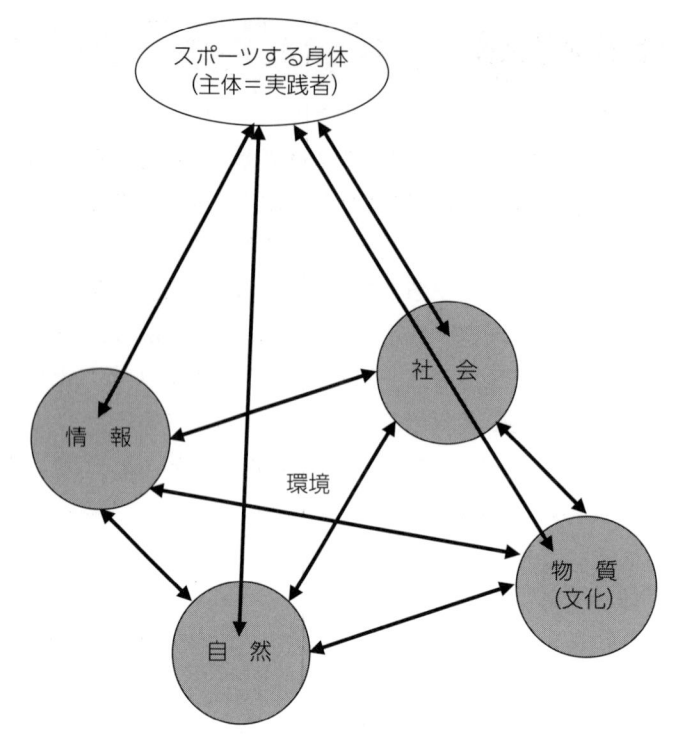

図 V-5-1　人間と 4 環境の関係

(庄司・秦・村瀬「健康スポーツと環境」不昧堂出版, p.20, 2006；著者再作成)

5.2　運動実践と諸環境の関与

　運動実践の準備から運動実践を経て健康の維持増進や体力の維持向上を実現するまでの過程における諸環境の具体的な関与例（図 V-5-2）を確認する．全ての過程で情報環境は関与するが，特に運動実践の準備段階では情報環境の関与の程度が大きい．また，運動実践段階では，運動の内容に応じて情報，物質，社会，自然の各環境の関与が確認できる．

① 情報環境

　情報環境とは，情報に関わる全ての環境と理解できるが，情報の収集や情報の加工・発信にわたる全ての過程において様々な具体的な情報環境の関与が考えられる．情報の収集源としては，書籍・雑誌，テレビ・ラジオ，インターネット，SNS などが挙げられる．

　運動実践者は，運動の有効性や健康の維持増進の必要性，またトレーニングにおける基礎理論（基本条件など）を事前に理解しているであろう．これらの情報は，学校教育における授業や講義，またトレーニングの講習会（理論・実技）などで収集できる機会がある．

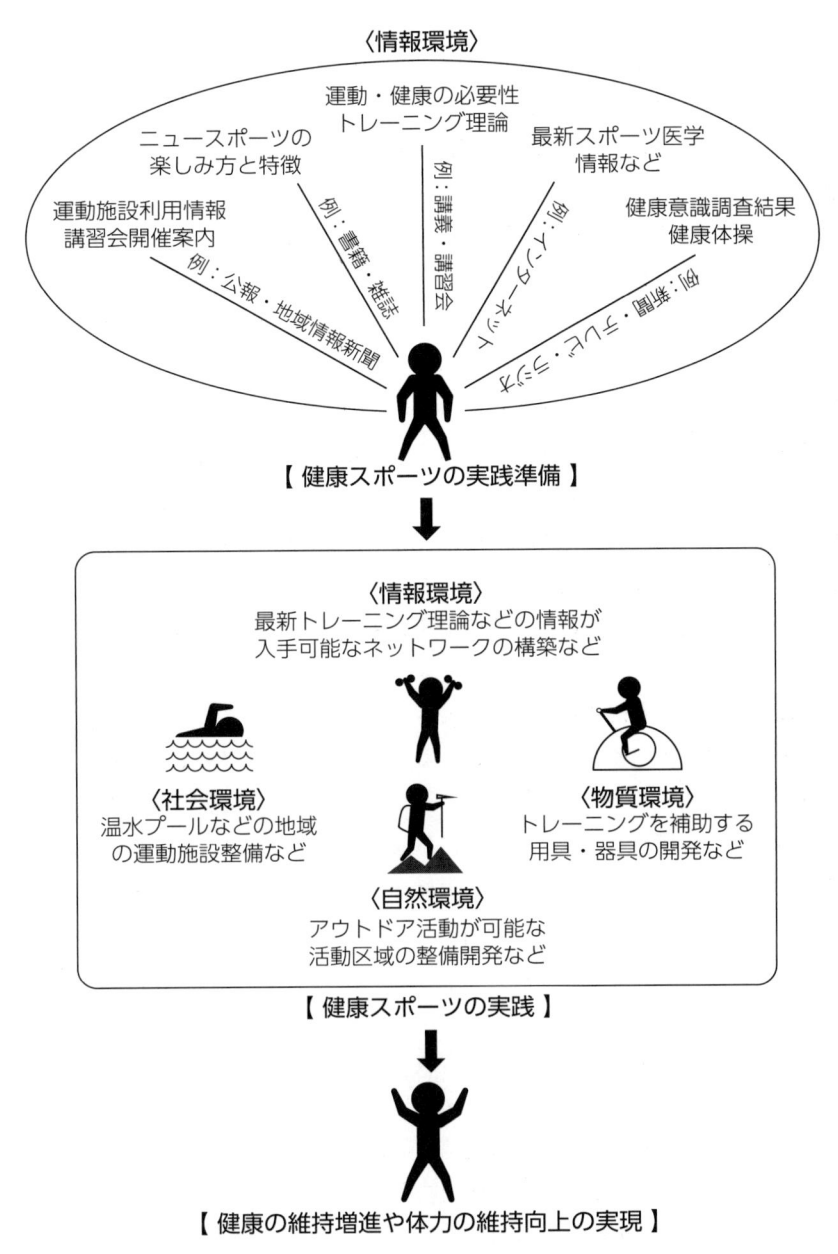

図 V-5-2　健康スポーツの実践過程における諸環境の関与例

(庄司・秦・村瀬「健康スポーツと環境」不昧堂出版, p.118, 2006)

　スポーツ医科学の研究領域においては常に新しい研究成果が公表されている．最新の研究成果の多くはインターネット上で閲覧することが可能になってきている．一般者が学術論文の内容を理解することは容易ではないが，専門家の解説やメディアによる特集記事などから情報を得ることができ，比較的新しい情報に基づき運動実践の準備が可能である．

　運動プログラムを作り運動を実践する他に，ニュースポーツなどにより身体を動かし運動不足を解消することができる．数多く考案されているニュースポーツの中から，実践者に適した運動

特性の種目を選ぶ際に情報収集が必要である．書籍や雑誌，WEB サイトに掲載された情報・画像・動画は，実践したいスポーツの運動特性のみならずルールの理解にも役立つ．なお，ニュースポーツの実践に関しては，実践可能な運動環境（運動施設や用具の貸し出しの有無などの運動環境）が整っているかどうかも確認する必要がある．

　体力・健康づくりの全国的なブームや話題性が運動実践のきっかけとなることがある．例えば，健康意識調査結果の公表により運動の必要性が再認識される機会がある．また取り組みやすい健康づくり体操などが紹介され話題になることがある．このような情報は，新聞・テレビ・ラジオ・SNS などで取り上げられることがあり，運動実践の準備段階で参考になる情報である．また，運動の継続における動機づけを高めることにもプラスになる．

　実践準備段階で，実践者が利用可能な運動施設の情報を確認しておく必要がある．運動施設の利用に関する情報を得ることにより運動実施日を決めることができる．また，運動施設でトレーニング講習会などが開催されていることがある．講習会への参加による基本的な知識の習得の他，その運動施設におけるトレーニング機器の正しい利用方法などを事前に理解することができる．実践者が居住する自治体管理の運動施設を利用するのであれば，自治体が発行する広報誌やホームページなどから運動施設の利用に関する情報を入手することができる．

　運動の実践段階においても情報環境が引き続き関与する．常に更新されるトレーニング理論に関する情報の入手の他，専門家との双方向による情報交換も可能である．トレーニングを補助する用具や器具の改良・開発の情報，利用できる運動施設の情報，自然環境下の整備された安全に運動実践ができる場所の情報など情報の種類は多岐にわたる．

　既習の知識に頼るのみではなく，常に情報環境を利用して実践者の体力・健康づくりに有益な情報の入手を継続することは，体力・健康づくりの目標達成に貢献する．

② 物質環境

　運動実践に関与する物質環境の例に，運動実践やトレーニングを補助する用具・器具の開発と改良が挙げられる．以前は，このような用具・器具は主に競技選手が利用する専門の機器で高価であった．また，それぞれの用具・器具の連携は難しく体力・健康づくりのデータ管理は機器別になされていた．しかし，現在は，例えば体脂肪率も計測できる体重計で体重を計測すれば同時に体脂肪率や骨格筋量などのデータも含めてクラウドにデータを蓄積することができる．スマートフォンなどで，他の身体活動量や運動強度などのデータと統合して日々の運動実践の状況や身体の変化をグラフなどにより視覚的に把握することも可能になってきた．IT 化が進み，またデバイスの開発と改良により，運動実践による体力・健康データの管理が容易になっていることは，運動実践におけるアメニティの確立に大きく貢献している．

　ウェアラブルデバイス（手首や腕，頭などに装着・着用できるコンピューターデバイス）による健康管理（心電図，血圧，睡眠時間などの記録や管理）は以前から医療の現場では導入されている．このデバイスの小型化・軽量化・無線化が進み医療現場以外でも利用可能になってきた．市販のウェアラブルデバイスで，運動実践に関しては，1 日の歩数や移動距離，また運動中の運動強度を表す心拍数の変化などをリアルタイムに記録することができる（写真 V-5-1）．初心者

も利用しやすいスマートフォンなどとデバイスで運動実践におけるデータの管理が簡単にできる．リストバンド型の他，指輪型のデバイスも市販されている．

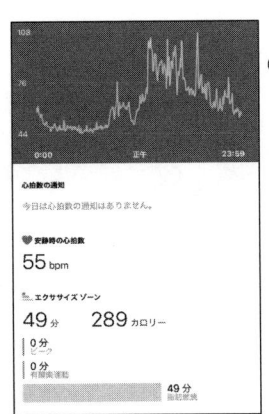

１日の心拍数の変動や運動の強度などが確認できる

歩数・移動距離・消費カロリーなどが確認できる

１日の時間ごとの消費カロリーなどが確認できる

写真 V-5-1　ウェアラブルデバイスにより記録されたデータ例
〔著者利用のリストバンド型デバイスで計測されたデータのスマートフォンの画面例〕

　物質環境の関与の他の例として，トレーニングマシンの開発と改良が挙げられる．重量物を扱うレジスタンストレーニングの実践では初心者は注意が必要である．しかし，鍛えたい部位別に設計されたマシントレーニング用のマシン（写真 V-2-4 ～ 7）の開発により，実践者が鍛えたい部位を誤ることなく安全にレジスタンストレーニングを実践することが可能になってきている．有酸素運動用のマシンも同様で，歩く・走る様式のマシンから自転車走行型，階段昇降型，漕艇型など色々な運動様式（写真 V-2-1 ～ 2）で運動実践が可能である．

③ 社会環境

　社会環境とは，人間の生活に直接的あるいは間接的に影響を与える社会的な諸条件と理解できる．運動実践との関係では，国や自治体における組織や制度などが運動実践に関与している例が確認できる．実践者が住んでいる自治体が健康なまちづくりを推進していれば，社会環境の関与により市民などが健康づくりを進めやすい運動環境が整っている．

　例えば，温水プールが無い自治体において，その自治体内の大学に温水プールがあれば，その温水プールの維持管理に自治体が補助金を出すようなケースが考えられる．自治体が運動施設整備の目的で補助することにより市民などが無料または安価で利用できるようになる．維持管理費には市民からの税金が使われる．一方では，住民は１年を通して水中運動の実践が可能になる．健康づくりのための運動実践に社会環境が関与している例である．

　住民が運動実践に取り組みやすいまちづくりを積極的に推進している自治体は多い．運動施設の整備の他に，歩車分離によるウォーキング・ランニングコース（写真 V-5-2）やサイクリング専用のコースの整備がなされている．また公園などにフィットネス用の用具・器具が設置されていることがある（写真 V-5-3）．自治体による体力・健康づくりのためのイベント開催なども健康づくりのための運動実践に社会環境が関与している例である．

　市民などの健康寿命の延伸や生活習慣病の予防が実現すれば，医療費や介護給付費の高騰により ひっ迫する地域財政の改善化にプラスの効果が得られる可能性が高まる．また，健康まちづくりの取り組みによって，他に住民満足度の向上や移住者の増加も期待できる．

市内に複数のウォーキングやジョギングなどを楽しむことができるコースが設定されている
案内板にはコース図や1周の距離の他に消費エネルギーに相当する食品が示されている

写真 Ⅴ-5-2　市が設置したウォーキングやランニング用のコースの案内版
〔愛知県みよし市の例；著者撮影〕

公園の自然を感じながら気軽に取り組める

市の公園に設置された健康器具（簡易トレーニングマシン）の使い方などの案内板

写真 Ⅴ-5-3　市が公園に設置した簡易トレーニングマシン
〔愛知県みよし市の例；著者撮影〕

　また，自治体による運動施設の整備に加えて，近年，全国各地で 24 時間開室している民間のトレーニングジムが増えている（写真 Ⅴ-5-4）．社会環境の変化の例の１つと言える．今まで実践者の勤務時間などの制約からトレーニングや運動の実践ができていなかったのであれば，今後，実践者の生活様式に応じた運動環境の改善につながると期待される．

写真 V-5-4　　24 時間開室しているフィットネスジム〔著者撮影〕

④ 自然環境

自然環境は，人工ではない文字通り自然の構成物から形成される環境である．運動実践との関係で考えると，自然環境下におけるアウトドアスポーツの実践は選択肢の 1 つである．アウトドアスポーツは様々であるが，身体活動量の確保や適度な運動強度により身体的な効果が期待できる他，困難な課題を克服することによる達成感，自然の景観を楽しむこと，生物と触れ合うことなどによる心理的に良い効果も期待できる．しかし，海，川，山，空などやその場所にある生態系（動物や植物）により活動が制限される場合がある．

海や川に関しては，水深や流速，波の高さ，地形などに関して安全が確保されない場合や棲息する水中動物たちによる被害が想定される場合は，運動実践の場としては適さない．

山や空に関しては，地形や高度の他に季節や気候変化などが，実践者の知識やスキルのレベルに適していなければ危険である．そのため，アウトドアスポーツの実践においては，事前にその運動実践に必要な知識とスキルを習得する必要がある．また，運動実践の前提として，運動を安全に実践できるエリアの開発や整備がなされていることが条件である．

運動実践への自然環境の関与は予測できることと予測が不可能なことがある．予測できることについては十分に理解し大きな事故が起きないように注意しなければならない．現在，運動している場所が，一般者においても危険が無いように種々安全対策がなされて運動環境が整えられているならば，それが運動実践に自然環境が関与している例である．

5.3　体力・健康づくりに関係する専門家

運動実践者を取り巻く要因の 1 つに，環境ではないが，体力・健康づくりの実践過程において助言・指導を受けることができる専門家がいる．実践者が既習の知識や新しい知見を取り入れて運動実践を継続することが基本であるが専門家からの助言も有益である．

代表的な体力・健康づくりに関係する専門家の資格とその概要を示す．今後，体力・健康づくりを進めていくためには，その過程で専門家の助言が参考になる（図 V-5-3）．

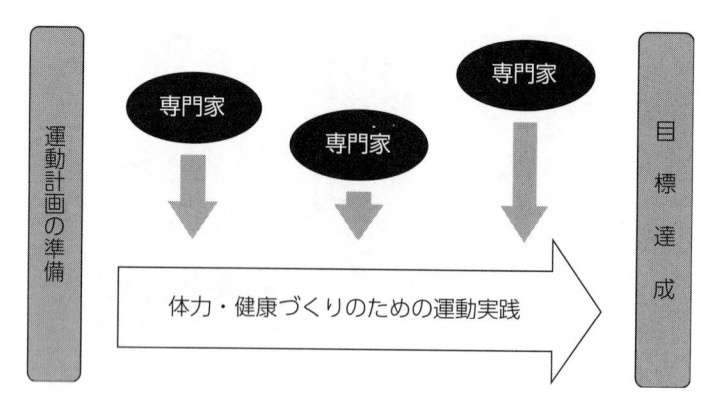

図 V-5-3　運動実践の過程における専門家とのかかわり〔著者イラスト作成〕

① 健康運動指導士〔公益財団法人 健康・体力づくり事業財団〕

　保健医療関係者と連携しつつ個別性（個々の心身の状態）に応じた安全で効果的な運動を実践するための運動プログラムを作成し運動指導を行う者である．健康増進施設などで，健康の維持増進や生活習慣病の予防のための役割を担っている．同財団が認定する他の資格に，健康運動実践指導者がある．この有資格者は，健康づくりのための運動特性に関して専門知識を持ち，集団に対し特に見本を見せながら実技指導ができる指導者である．

② 健康科学アドバイザー〔一般社団法人 日本体力医学会〕（写真 V-5-5）

　スポーツ医学，解剖学，生理学などに関する専門的な知識を有し，主に健康の維持増進や体力の維持向上について科学的根拠に基づくアドバイスをすることができる者である．

写真 V-5-5　健康科学アドバイザー証〔著者の終身称号証〕

③ スポーツドクター〔公益財団法人 日本スポーツ協会（JSPO）〕

　JSPO から認定された医師（医師免許取得後 4 年以上）で，各種スポーツ種目のアスリートの健康管理，スポーツ障害やスポーツ外傷の診断などを行う者である．

④ アスレティックトレーナー〔公益財団法人 日本スポーツ協会（JSPO）〕

　JSPO 公認のスポーツドクターやコーチと協力しながら，アスリートなどの健康管理や障害予

防，また体力トレーニングやコンディショニングなどの指導を行う者である．

⑤ 認定ストレングス＆コンディショニングスペシャリスト：CSCS〔特定非営利活動法人 NSCA（National Strength and Conditioning Association）ジャパン〕

アスリートやスポーツチームに安全で効果的なストレングス＆コンディショニングプログラムを提供できる知識と技能を持つ者である．栄養や障害予防の指導も行う．特にレジスタンストレーニングの実践においては有益な助言が受けられる．

⑥ NSCA認定パーソナルトレーナー：NSCA-CPT〔特定非営利活動法人 NSCA（National Strength and Conditioning Association）ジャパン〕

運動実践者の健康の維持増進あるいは体力の維持向上について，評価することや安全で効果的な運動プログラムの提供を行う者である．なお，パーソナルトレーナーについては，この協会の認定資格ではなく関連資格を有している個人が称して活動することもある．

⑦ 理学療法士・作業療法士〔各療法士の国家試験運営本部〕

いずれもリハビリテーションの領域で，障害の治療や日常生活への復帰に関わる専門家である．理学療法士は，身体に障害のある人に運動療法や温熱・低周波などを利用した物理療法により機能回復のための指導を行う者である．作業療法士は，精神や身体に障害のある人を作業訓練により社会に復帰させ日常生活を送ることができるように指導を行う者である．

その他にも体力・健康づくりのための運動実践に関して適切な助言や指導を受けることができる専門家がいる．いずれの場合も基本的な資格の内容を理解して，有資格者の専門家からのアドバイスを参考に，実践者個人にあった安全で有効な運動を継続することが期待される．

世の中には情報が氾濫している．また正しい情報を見極めることは難しい．くれぐれも誤った知識や情報により健康被害を受けることがないように注意しなければならない．

＜文献・資料＞
1）濱口豊太編著「作業療法士になるには」ぺりかん社，2014.
2）丸山仁司編著「理学療法士になるには」ぺりかん社，2014.
3）庄司節子編著，秦 真人，村瀬智彦「健康スポーツと環境」不昧堂出版，2006.
4）高橋書店編集部編集「2026年版 資格取り方選び方全ガイド」高橋書店，2024.

MEMO/NOTE

【調べる】編

体力・健康づくりに関連する資料や情報を調べる

　体力・健康づくりの基礎理論を理解したら，さらに関連する内容について自ら調べ自学自習の機会へと発展することが期待される．【調べる】編では，本書の関連する内容について，さらに深く理解するために参考となる WEB サイトなどを紹介する．キーワード，URL，QRコードなどを利用して興味関心のあるテーマやトピックスについて学修を継続することが期待される．なお，各関連する資料や情報の発信元の URL などは変更になることがある．

① スポーツ・健康分野における様々な学問領域
　　一般社団法人 日本体育・スポーツ・健康学会

　体育科学，スポーツ科学，健康科学に関係する国内最大規模の学術学会組織である．構成する学問領域（専門領域や関連学会）が多様で多岐にわたることが理解できる．スポーツ・健康分野における各専門領域や学会組織に所属する研究者によって研究成果が日々公表され蓄積されている．

　URL: https://taiiku-gakkai.or.jp/

一般社団法人日本体育・スポーツ・健康学会は会員数約6000名の体育・スポーツ・健康科学に関する学術団体です

一般社団法人 日本体育・スポーツ・健康学会
Japan Society of Physical Education, Health and Sport Sciences

上記 WEB サイトより

② スポーツ・健康分野における研究者データベース
researchmap（リサーチマップ）

　国立研究開発法人科学技術振興機構が運営する国内の大学などの研究機関に在籍する研究者の経歴や論文リストなどの研究者情報を収集したインターネット上のデータベースサービスである．学術論文は英語で書かれたものも多いが，日本語で特集記事などが書かれているケースもある．最新の情報や科学的根拠となる詳細なデータを確認したい場合に利用できる．

　URL: https://researchmap.jp/

上記 WEB サイトの「研究者を探す」で著者名を入力して検索した結果

③ さらに詳しく骨格筋の位置や形状を調べる

　体力・健康づくりにおいて，骨格筋の位置や形状を理解していないと効果が得られないばかりか，怪我をする可能性もあり注意が必要である．専門書などで確認できるが，一例として，厚生労働省の WEB サイトに資料（一般財団法人日本医療教育財団「医療通訳」）が掲載されている．

　URL: https://www.mhlw.go.jp/content/10800000/000385181.pdf

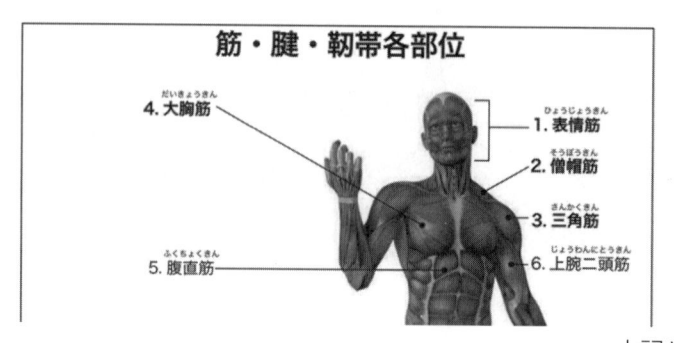

人体各器官図

上記 WEB サイトより

④ 20 m シャトルランの折り返し数から最大酸素摂取量を推定する

　最大酸素摂取量を実験室的な環境で正確に測定することは一般的ではない．測定ができなくても中学校や高校で文部科学省の「新体力テスト」の測定に参加した経験のある人は，全身持久力の測定項目である 20 m シャトルランの折り返し数から，自分の最大酸素摂取量を推定してみよう．

　URL: https://www.mext.go.jp/sports/content/20201015-spt_kensport01-000010432_7.pdf

［参考］20mシャトルラン（往復持久走）　最大酸素摂取量推定表

平成12年3月改訂

折り返し数	推定最大酸素摂取量 (ml／kg・min)	折り返し数	推定最大酸素摂取量 (ml／kg・min)	折り返し数	推定最大酸素摂取量 (ml／kg・min)	折り返し数	推定最大酸素摂取量 (ml／kg・min)
8	27.8	46	36.4	84	44.9	122	53.5
9	28.0	47	36.6	85	45.1	123	53.7
10	28.3	48	36.8	86	45.4	124	53.9
11	28.5	49	37.0	87	45.6	125	54.1
12	28.7	50	37.3	88	45.8	126	54.4

上記 WEB サイトより

⑤ 体力・健康づくりに関する統計データを調べる
　　e-Stat（政府統計の総合窓口）

　e-Stat は，日本の統計資料を閲覧できる政府統計のポータルサイトである．キーワードで検索することで様々な統計資料を確認することができるが，体力・健康づくりに参考となる統計資料も含まれている．例えば，最新（前年度）の体力・運動能力調査結果を閲覧することができる．

　URL: https://www.e-stat.go.jp/

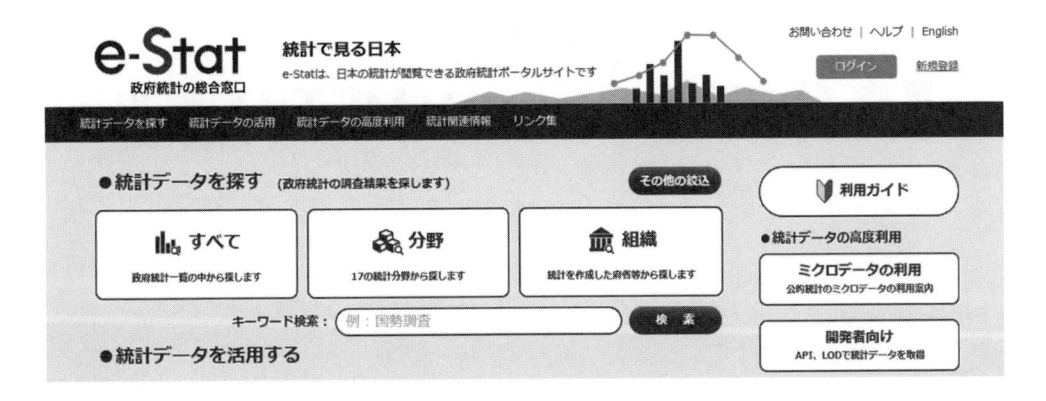

上記 WEB サイトより

⑥ 生活習慣病予防のための健康情報サイト（e- ヘルスネット）

　厚生労働省による生活習慣病予防のための健康情報サイトである．生活習慣病予防，休養・こころの健康，身体活動・運動などのカテゴリー別になっており，健康に関連する用語の定義も示されている．体力・健康づくりの基本を確認するために利用できる．

　URL: https://www.e-healthnet.mhlw.go.jp/information/

上記 WEB サイトより

⑦ 様々な身体活動や運動の強度を調べる
「改訂版 身体活動のメッツ（METs）表」

　体力・健康づくりのために実践する運動の強度を把握することは重要である．運動強度の表し方は複数あるが，様々な身体活動や運動のメッツで表示された運動強度は，国立健康・栄養研究所作成「改訂版 身体活動のメッツ（METs）表」で確認することができる．

　URL: https://www.nibiohn.go.jp/eiken/programs/2011mets.pdf

上記 WEB サイトより

⑧ スポーツ活動中の熱中症予防に関する基本情報を調べる
　JSPO（公益財団法人日本スポーツ協会）

　運動中の熱中症予防に関する情報は，日本スポーツ協会の HP で資料や動画で確認できる．特に「スポーツ活動中の熱中症予防ガイドブック」に記載の内容を確認し，熱中症を理解して熱中症を予防しなければならない．
　URL: https://www.japan-sports.or.jp/medicine/heatstroke/tabid523.html

上記 WEB サイトより

---

⑨ 胸骨圧迫の方法や AED の使い方について調べる
　一般市民向け応急手当 WEB 講習（総務省消防庁）

　人工呼吸・胸骨圧迫の方法や AED（自動体外式除細動器）の使い方について事前に講習会などに参加して，救急救命の方法について理解しておくと万が一の時に役に立つ．総務省消防庁のサイトで一般市民向けの応急手当について WEB 講習を受けることができる．
　URL: https://www.fdma.go.jp/relocation/kyukyukikaku/oukyu/

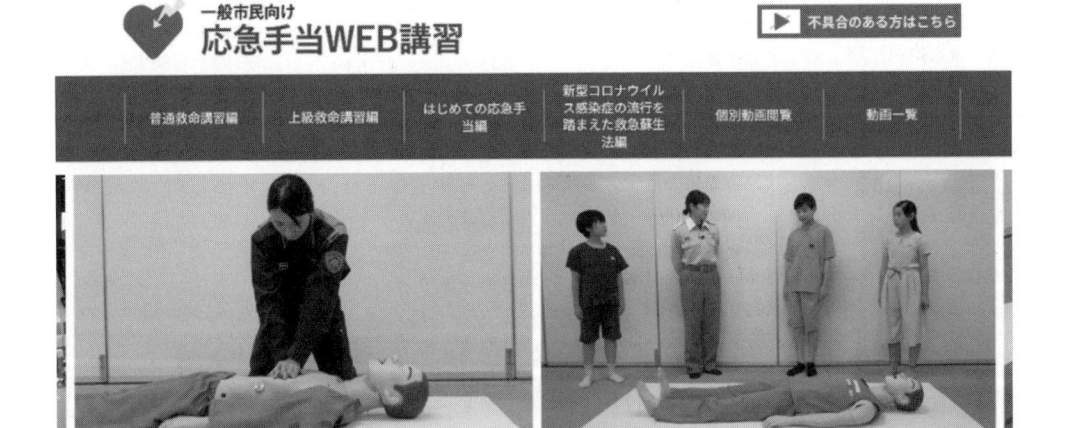

上記 WEB サイトより

索　引

執筆者紹介

村瀬智彦
<small>むら せ ともひこ</small>

愛知大学法学部教授，スポーツ・健康分野担当，博士（体育科学）

金沢大学大学院教育学研究科修士課程修了
筑波大学大学院体育科学研究科博士課程修了
大阪大学健康体育部助手
米国インディアナ大学客員研究員

専門分野：測定評価論

著書：

「健康・スポーツ科学のための動作と体力の測定法」（杏林書院，分担，2019）

「スポーツと運動～健康づくりの理論と実際～」（学術図書出版社，分担，2018）

「スポーツと健康～その理論と実際～」（学術図書出版社，分担，2013）

「幼児のからだとこころを育てる運動遊び」（杏林書院，編著，2012）

「幼児のからだを測る・知る－測定の留意点と正しい評価法－」（杏林書院，編著，2011）

「健康・スポーツ科学入門［改訂版］」（大修館書店，共著，2010）

「健康スポーツと環境」（不昧堂出版，共著，2006）

「最新スポーツ科学事典」（平凡社，分担，2006）

「ヘルスエクササイズの理論と実際」（学術図書出版社，分担，2006）

「幼児の体力・運動能力の科学－その測定評価の理論と実際－」（ナップ，単著，2005）

「健康・スポーツ科学入門」（大修館書店，共著，1999）

「体育実技テキスト」（学術図書出版社，分担，1998）

「フィットネスインストラクターテキスト」（建帛社，分担，1998）

体力・健康づくりとスポーツ・運動の科学

2024 年 12 月 15 日　第 1 版　第 1 刷　印刷
2024 年 12 月 25 日　第 1 版　第 1 刷　発行

著　者　村瀬智彦
発行者　発田和子
発行所　株式会社 学術図書出版社

〒 113 － 0033　東京都文京区本郷 5 丁目 4 － 6
TEL03 － 3811 － 0889　振替 00110 － 4 － 28454
印刷　（株）三和印刷